Unlimited Memory

Unlimited Memory

國際
記憶冠軍
的編碼器

快速轉化儲存大量資訊，
提高學習與工作效率的
超級大腦擴充術

凱文 ‧ 賀斯里 Kevin Horsley_著
薛浩然_譯

Unlimited Memory

How to Use Advanced Learning Strategies
to Learn Faster, Remember More
and be More Productive

謹將本書獻給艾洛絲‧庫柏（Eloise Cooper），

謝謝你為這本書的付出，

更感謝你給我的無數鼓勵和支持。

目錄

3 PART 持續運用

「在記憶裡，你可以永遠抓住你珍重的人事、
原本的自己，還有其他無法割捨的種種。」

——《兩小無猜》
（*The Wonder Years*，20 世紀末美國電視劇）

用記憶法
建立新的思維模式

文／馬里斯・威爾根摩醫生（Dr Marius A. Welgemoed）

在這本書中，凱文用生動的筆調分享了多個改變生命的學習方法。我對此很有信心，因為我親身學過這些方法，並應用在生活中。這些方法可以讓你生命各方面都煥然一新，為此，我很榮幸可以為這本書作出微薄貢獻。

我還在讀醫學院時沒有學過這些方法，所以成績平平，常常要花好幾個小時把很多不相關的資訊串連起來，十分困擾。雖然我也勉強可以過關，但如果那時我就學會凱文的記憶法，就會有效率得多。我在受訓成為專科醫師時，第一次使用他教的記憶法，那次的經驗完全改變了我學習、處理資訊的方式，而且從那時開始，我就變成學業成績「全 A」的優等生。為此，我由衷感激本書的作者。我並沒有在那天突然變成天才，我只是對記憶力有了不一樣的理解，並且建立起新的思維方式，看見自己未曾想像過的內在潛能。

用記憶法改善學業成績後，我開始把這些方法運用在日常生活中，過程中真是碩果纍纍！我不只學到如何處理資訊，自信也因此大大提高，因為這些方法讓我生命中各個層面都變得更好。

我很幸運有凱文這樣的朋友，看見他在日常生活中處處活用此書的內容，讓我有很大的動力繼續學習！

凱文經過多年的研究、經驗和成就，用簡單明瞭、容易操作的方式與我們分享這些改變生命的方法。你只要在生活中運用這些方法，就會看見內在的無限潛能，你的記憶和人生，都必然因此變得更加豐富。

CHAPTER

改善記憶，就能改善一切

「當你發現自己有能力學會任何事物、達到任何目標的時候，人生就迎來改變。因為這意味著，你的成就、財富和能耐，都沒有極限。」

——博恩·崔西（Brian Tracy，美國著名演說家及企業家）

如果你可以輕易、快速而有效地記住周遭的資訊，人生會變成什麼模樣？請想想這個可能性。

在這本短小易讀的書裡，我會介紹一套有效增強記憶的思維和技巧，這些方法會讓你在學習和生活上更加得心應手。裡面有很多令人讚嘆不已的學習方法，有些是現代的，有些是古代的，這些方法的原型來自「快速學習」（accelerated learning）和「記憶發展」（memory development）這兩個領域的國際精英。學校沒有教的重要技巧，這本書會一一說明。整本書的大方向就是讓讀者學會更主動地使用大腦，而良好

的記憶力當然是達成這個目標的基礎。

試著想像若你生來沒有記憶，你會變成什麼？什麼都不是。毫無記憶的人一無所有。如果我問：「你是誰？」你在回答這個問題之前，必得先從記憶裡提取、整合資訊。記憶是把人生各個層面黏合起來的膠水。全憑記憶，你才成為今天的你；人活著就是在收集資訊，沒有記憶，人就沒有活著的憑據。如果沒有記憶，人就無法學習、思考、培養知識、創造新事物，甚至連綁鞋帶都無能為力，人會無法累積任何經驗，因為說到底，所謂的經驗就是記憶的積聚。要過美好人生，你必須有良好的記憶力。

這幾年來，記憶力被冠上了難聽的名號。人們把記憶當成是死記硬背、把資訊硬塞到大腦。教育家說理解是學習的關鍵，他們說，如果人已經理解，又怎麼可能不記得？但我相信我們都有這樣的經驗：我們了解一些資訊，但有需要時卻想不起來。譬如說，你聽過的笑話或許有上千個，但如果現在要你回想，卻可能只想得出 4、5 個。很明顯，理解不等於活用，唯有能夠立即想起你所理解的事物，反覆思考、練習這些內容，這些資訊才有價值。記憶力的作用是幫你儲存學過的東西，如果不需要記得，你學來幹嘛？

有些人認為，在 Google 時代不需要有好的記憶力。但肯・詹寧斯（Ken Jennings，美國作家）說過：「做決定需要事實，如果那些事實是存在大腦裡，就可以迅速提取；如果事實是在 Google 的某個角落裡，人們很可能就無法在關鍵的當下做出對的決定。」

再問一個問題：你會因為有人會用 Google 找資料而僱用他嗎？不會，你想要的是經驗豐富、對自己的專長有自信的人。無法儲存資訊的代價十分高昂，這會讓人陷入窘境，判斷失誤。如果一個人工作時要不斷回頭看筆記，只會浪費時間，而且毫不專業。你會跟記得你名字的人買產品呢，還是跟不記得的人買？如果醫生要一直看著說明手冊或 iPad 才能動手術，你敢讓他動手術嗎？一定不會！

記憶力是我們生活的基石，它會影響我們決策的品質，也就是說，它會影響我們的人生。

學習與記憶是人類大腦最神奇的兩項資產。學習讓人獲得新的資訊，記憶讓人留住這些資訊。記憶是所有學習的基礎，如果沒有善用記憶，學習就不過只是把資訊拋進黑洞，再也找不回來。問題就在於很多人都沒有運用過去所學的習

慣，人們只是一直學習，一直忘記，一直學習，一直忘記……。

改善記憶，就可以改善一切。你可以更輕易快捷地從大腦提取資訊，更擅於聯想和連結事物，從而創造更多機會，你的大腦儲存越多的事實和記憶，你就越能夠做出獨特的組合和連結。豐富的記憶也會讓人變得聰明，因為大腦的資訊量與智力發展有緊密關連。記得的越多，就越有可能創造更多，因為事實是創新的前提。豐富的知識基礎讓人容易獲取更多知識，知識量越大，就有越多途徑去了解更浩瀚的資訊。

現在，你有兩個選擇。第一個是選擇相信記憶力沒有進步的空間，天資無法改變。很多人相信這個想法，因為他們在學校花了幾千個小時，卻從來沒有人教過他們如何提升記憶力。關於大腦的種種奇妙之處，學校所教的實在少之又少。

我 8 歲時，學校的心理學家說我的大腦可能受損，建議我上特殊班。我有典型的閱讀障礙：記性不好、無法專注，閱讀、寫作都有困難。在求學階段，我都是靠母親和朋友讀課程表給我聽，我盡力記住內容，但大部分都記不起來。我的人生沒有未來，因為老師教的東西我都學不會。12 年的求

學生涯裡，我無法獨自把 1 本書從頭看到尾，甚至到了最後一年，我的閱讀能力還是跟一年級時差不多。長話短說，就這樣混混噩噩許多年後，我終於在 1989 年勉強高中畢業。

幾年後的某一天，我經過一家書店，人生從此迎來轉變。雖然直到那時我還沒試過完整看完 1 本書，但那天我決定買 3 本書，全都是東尼‧博贊（Tony Buzan，英國記憶大師）的作品。一本是《啟動大腦》（*Use Your Head*），一本是《超級記憶》（*Use Your Memory*），還有一本是《快速閱讀》（*The Speed Reading Book*）。那時候我以為自己會從《快速閱讀》開始看，然後快速看完其他兩本，但不知怎地，我從《超級記憶》開始看，並發現我們每個人都可以有第二個選擇：

相信記憶力只是一個習慣的養成，只要有恰當的培訓和練習，習慣可以不斷改進。

我發現訓練記憶力有一些簡單而重要的方法，只要持續使用這些方法，就可以取得與記憶大師相仿的成果；如果不使用，自然就沒有。我開始學習心理學，還有其他與大腦、思維、記憶相關的領域。我讀了數百本書，訪問了很多記憶力強的人們，最終克服了閱讀障礙。現在我平均 1 個禮拜可

以讀 4 本書，別人要花幾個月學會的事情，我 1 個小時就能搞懂。

1995 年，我決定報名參加世界記憶錦標賽，這項比賽測試從各個方面考驗記憶力，吸引了世界各地的記憶好手前來參賽。那年我的整體成績是第 5 名，在拼寫項目（written word event）中得了第 2，這也是我成功克服閱讀障礙的最佳證據。同年 10 月 26 日，我在英國赫特福德群的漢伯瑞曼諾（Hanbury Manor）獲大腦信託慈善協會（Brain Trust）和列支敦士登親王菲利普（Prince Philip of Liechtenstein）授予「國際特級記憶大師」（International Grandmaster of Memory）頭銜。過去我的學習歷程波折重重，如今卻能夠獲得這個殊榮，對我來說是個莫大的肯定。從那天開始，我就知道生命已經迎來轉折，從此不再一樣。

1999 年，我進一步挑戰自我極限，參加被譽為「記憶界的聖母峰」（The Everest of Memory Tests）的記憶比賽──記住 Pi 的前 10,000 個數字。Pi 可謂隨機數字的極致，而且無窮無盡。10,000 個數字會被分成 2,000 個 5 位數字，測試者會隨機講出其中一個 5 位數，並要求參賽者唸出該數字前面或後面的 5 位數，如此反覆測試 50 次，越短時間內完成成績越佳。

我比當時的紀錄保持者快了 14 分鐘完成測試，成功打破紀錄。如果你問我為什麼要參加這個比賽，答案很簡單：因為別人說這不可能，而我人生的目標就是不斷打破極限，讓人們看見記憶力的能耐有多大。

此後，我一直從事訓練和教導的工作，讓人們容易記住生活中的重要資訊，並讓大家知道，每個人都可以獲得學習的樂趣。很多人說我有圖像記憶力，但其實並不是這樣，我只是發現了很多學習記憶的祕訣，而且把這些祕訣變成我自己的方法。

我講這些不是要誇讚自己多厲害，而是希望你能相信一點：每個人都有同樣的潛能可以提高記憶力。重點不是你過去怎樣，而是你未來可以變得怎樣。但是，如果你堅持以一貫的生活方式繼續生活下去，你的成就也只會跟過去一樣。如果要有與以往不同的效果，自然要用不同的方法。所以我在這邊要先提醒你：提高記憶力意味著你需要改變思考模式。

我希望你看這本書時不要帶著批判的眼光，要求此書處處完美無瑕，相反地，我希望你能著眼於此書的價值。當人開始批判，他就無法從中學習。你可以研究這些方法，可以

不滿意，可以試著走別的路，但我向你保證，如果不用此書提供的原則，你沒有辦法建立像記憶大師一樣的記憶力。我希望你讀這本書時可以開放心胸，我敢保證，裡面教的方法一定有效，而且效果會讓你喜出望外。因為這些記憶方法是所有的記憶大師共用的策略！

這本書分成 3 部，涵蓋 4 個改善記憶的關鍵。第 1 部的重點是提高注意力（Concentration），第 2 部教你提高創造力（Creating imagery）和連結力（Connecting concepts），第 3 部讓你把方法變成習慣，在生活中持續使用（Continuous use）。這 4 個 C 就是你今後面對記憶難題時的良方。書中的一些例子來自個人成長和商業理財的書籍，所以讀這本書不只可以學到記憶法，還會看到很多可以在日常生活中派上用場的重要觀念。

我會教你如何把無趣的資訊變得生動而有系統，如此一來，資訊就會變得有意義，可以記得比較久。我再強調一次，我指的不是死記硬背，而是一套儲存資訊的技巧，最終目的是提高學習和理解的能力。

外面很多書都是說的比做的多。但這本書會直接進入重

點，讓你省時省力。我的目標只有一個，就是讓讀者看見記憶力的美妙世界。希望你看這本書時，不要只是讀過去，而是好好玩味其中的觀念，並在生活中思考它們，運用它們。現在，如果你已經準備好，讓我們一起開始這趟記憶力旅程，激發你無限的記憶潛能。

活在當下

「關於專注力這個主題，
我聽過最好的建議是：活在當下。」

——吉米‧羅恩（Jim Rohn，美國著名商業哲學家）

PART

1

02
CHAPTER

丟掉藉口

「如果你繼續和火雞一起胡混，
就別想和老鷹一起飛翔。」

——吉格‧金克拉（Zig Ziglar，美國銷售教練及勵志作家）

在開始之前我想問一個問題：你會給自己什麼藉口不看完這本書呢？

如果你已經決定看完，又有什麼藉口讓你不實踐內容？雖然你還不知道會學到些什麼，但總會有一堆可以推拖的理由，不是嗎？我希望你可以花些時間想想這些藉口，把它們寫下來。

很可能你每次拒絕學習新事物時都會用這些藉口。但是，成功和藉口之間，你只能擇其一，兩者不能並存。迅速學習的人會花心思在重要的資訊和技巧上，不會花心思去找

藉口，應該說，他們視藉口為病毒，避之唯恐不及。

藉口讓你無法活出美好人生。如果不再找藉口，你的人生會變得怎樣？這值得想一想。

每次接受藉口都是在縱容自己變得更弱。有了藉口，你就沒有必要聚精會神；有了藉口，你就沒有必要學新的事物，專注力和能量就無從發揮。請記得：你的注意力在哪裡，你的能量就在哪裡。

人們最常找的幾個藉口就是：

1・我沒救了。

- ・我不夠聰明。
- ・我本來就不擅長這些東西。
- ・我沒有時間練習（時間總是有的，你只需要好好安排。）
- ・我的基因不夠好，所以沒有出眾的記憶力。（你怎麼知道自己基因好不好？）
- ・我老了，記憶力不好了。

・老狗學不會新把戲啦！（沒錯，問題是你不是條狗！）

2・都是別人的錯。

・爸媽都說我很笨。
・要有人幫我才學得會。
・看書不夠實際，我需要參加訓練才能學會。

責怪必然衍生出負面情緒。換個思考方式吧，凡事都有兩個選擇：從中學習或是責怪他人，就看你怎麼選。

3・壓力太大

・這麼多怎麼可能學得完啊。
・我的想法太糟糕了。
・這本書要求太多了。
・這些東西一定很難學。

人們找了種種藉口，容許自己過平凡的人生，為自己的無能做了諸多解釋，拒絕負上任何責任。我希望你不要因為這些理由，白白錯過內在的潛能。

藉口是真的理由嗎？你確定它們都是真相嗎？這樣說好了，你有因為哪個藉口而人生變得豐富嗎？請記得，你的人生遠遠比藉口精彩得多！

　　現在把所有藉口丟掉吧！

　　李查‧巴哈（Richard Bach，美國小說家及飛行員）說過：「再為你的藉口辯護吧！這樣下去，它們必然會成為你的人生！」如果說，有什麼因素讓你不運用這本書的內容，那就是你自己──你要為自己的學習負責。如果說，有什麼人跟你的生命最密切相關，那就是你自己──當你相信了種種限制，你的人生就會處處受限。

　　為改進記憶力和專注力，你不僅要學會多做一些什麼，也要學會少做一些什麼：少抱怨、少批判、少投訴。當你決定這樣做，你會驚訝學習新技能原來可以這麼迅速。只要你持續不斷調整學習的方向，保持學習的渴望，你終會邁向大師之路。

❶ 如果你繼續抓住藉口不放，5 年後人生會變得怎樣？

❷ 如果沒了藉口，你的人生會有什麼轉變？學習任何事物時，都應該這樣想。

❸ 請記得：藉口只是藉口，不是真理。把它們丟掉吧！

❹ 想一想：你想用藉口縱容自己的人生，還是盡全力發揮自我的人生？

❺ 問自己一個問題：你為什麼要提高記憶力？寫下答案，越多越好。正如戴倫‧哈迪〔Darren Hardy，美國《成功》（Success）雜誌創辦人〕所說：「我們需要的是疑問力（why power），不是意志力（will power）。」

CHAPTER

信念致勝

「限制來自大腦，只要大腦相信——百分之百相信——你能夠做某件事，你就可以做到。」

——阿諾·史瓦辛格（Arnold Schwarzenegger，美國健身運動員、演員及政治家）

有天，一條住在池塘裡的魚碰到來自大海的魚，池塘的魚就問對方：「大海是怎麼樣的？」從大海來的魚回答說：「大海的水比這個池塘多出 100 萬倍。」住在池塘的魚從此就不再跟從大海來的魚說話，因為覺得它是個大騙子。

我們從這個故事可以看到什麼？

人們對於記憶力和專注力的「信念」（belief）可能會限制他們只看得到局部的事實。很多人不曾發現自己的潛能，因為他們對自己的能力只有局部的了解，卻已經滿足於現狀。

如果你對於記憶力、專注力和自我潛能的負面信念都是錯誤的，你的人生可以迎來什麼改變？如果丟掉這些負面信念，你會變成怎麼樣的人？

理查・班德勒（Richard Bandler，神經語言程式學創始人）說過：「信念不等於真理。信念只是我們相信的東西，是引導我們生活的準則。」人們常常為自己的信念辯護，如果你相信自己記性不好，你的一言一行就會配合這個信念。因為注意力在哪裡，能量就在哪裡。

所以，如果要提高記憶力和專注力，必須先建立一個正面的信念系統（belief system）。

想像世界上有 1 號地球和 2 號地球，兩個星球完全一樣，只是處於不同時空。

A 先生住在 1 號地球，B 先生住在 2 號地球。A 先生和 B 先生相貌相同，語言相同，居住環境相同，教育程度相同，甚至連大腦和神經系統都一模一樣，兩個人唯一的不同就是他們的信念。

　　A 先生相信自己的記憶力不好，他常跟別人說：

　　「我的注意力定不下來，就像有一隻袋鼠在大腦裡跳來跳去。」

　　「我常常忘東忘西。」

　　「我記不住人名。」

　　「我的記性每天都在退步。」

「我的記憶容量已經滿載。」

「我的記憶力像個篩子，什麼都記不住。」

「我超笨。」

「我不能學太多東西，不然大腦就沒空間了。」

A 先生討厭學習，而且沒興趣記住任何事情，因為他覺得自己會忘記。

相反，B 先生相信自己有很好的記憶力，他常常跟人說：

「我的注意力就像雷射光束一樣集中。」

「提高記憶力是很重要的目標。」

「我記性很好，再多的東西我都記得住。」

「我的記憶力每天都在進步。」

「我很喜歡記住新朋友的名字！」

「我很優秀！」

「我的大腦可以儲存大量的資訊，我的大腦是世界上最特別的容器，我越放東西進去，它的空間就變得越大！」

他熱愛學習，樂於訓練自己的大腦。

在這兩個人中間，你覺得誰的記憶力比較好？當然是 B 先生！這兩個人唯一的差別就是他們的信念，只是到底誰的信念才是對的呢？

事實是，信念並沒有對錯，對錯是人們作的判斷。A 先生和 B 先生都有自己的信念，各自用他們經驗和想法來加強這個信念。A 先生建立了負面信念，阻止自己走向成功。

而 B 先生建立的是正面信念，這是邁向成功的必要前提。A 先生和 B 先生的信念都是自己選擇的，影響他們行為的不是外在因素，而是這些信念。每個人都要自己選擇把目光放在正面或負面的事情上，而這樣的選擇最終會形成信

念，影響他們的行為。

信念就是你所確信的東西。你相信什麼，你就會變成什麼。負面信念讓人無法提高記憶力和專注力。如果要打破負面信念，你必須改變那些持續增強負面信念的想法，每一個想法都有影響力，它可以鼓勵我們，也可以毀滅我們。

很多人不知道，思考或講話時使用不肯定或否定的措辭，是不自覺地自我設限。他們設下了限制，就會相信限制會成真，到頭來就會變成「自我應驗預言」（self-fulfilling prophecy）。

以下是負面信念模式下可能會發生的例子：

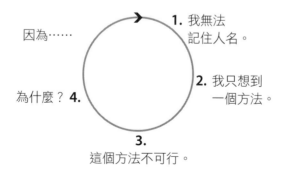

自我限制的信念會讓你陷入迴圈。在這個模式下，大腦不斷重覆負面的想法，讓你無法學習新的事物。請記得，信念如果沒有把你向前推，就是把你往後拉。每個想法都會發揮它的作用，若不是對你有益，就必然對你有害，而許多個想法加總起來，就形成信念。改變信念意味著改變整個思考模式，隨之而來的，是生命的改變。我們從小習慣相信別人的教導，很少去懷疑信念的真偽，因為我們不想質疑教導者的權威。從今天開始，你可以嘗試自問：「如果我改變有關記憶力和專注力的信念，這意味著我質疑了任何人嗎？為什麼我會這樣想呢？」

　　人們往往以為自己的信念是真理，但那些只是他們小世界裡的「真理」。我們不能夠因為自己做不到一件事，就說這是不可能完成的事。找出那些自我設限的信念，問自己：「如果這些信念不是事實，生命可以如何改變？」要小心，不要讓錯誤的信念使我們變成目光短淺、處處受限的人。

　　如果你想要改變信念，下面是給你參考的建議：

　　第一，做任何改變時都要知道，成功與否，80％跟動機、原因有關，只有 20％跟方法有關，所以你要有一個明確

的理由，並且下定決心改變。

第二，質疑負面信念。有些事情你曾經全心相信，但後來不再相信了，為什麼呢？因為你質疑這些事情。如果在你很小的時候，老師曾經說過你的記憶力很糟糕，其實你沒有必要把他說的話當成真理。那時你年紀還小，還不知道怎麼去分辨對錯，但你現在已經長大了，可以判斷他說的到底有沒有道理。請你問自己：「如果我抓住這個信念不放，我要付上什麼代價？抓住這個信念有意義嗎？它是 100％的事實嗎？」

第三，建立正面信念。多正向思考，多想起正面的生活經驗，以加強信念。只要信念得以更新，你就更能發現自己的內在潛能，創造更多的可能性。

第四，把正面信念變成生命中的一部分。

信念只是你信以為真的故事，改寫你的故事吧！

史賓賽・羅德（Spencer Lord，英國人力資源專家）說過：「信念不是紋身，它們只是衣服——只要你願意，隨時都可以

穿上或脫下。」我現在想跟你分享 5 個重要信念，希望你可以把它們「穿上」：

1 · 我天生就有優良的專注力和記憶力

你有很好的天賦。麥斯威爾・瑪爾茲（Maxwell Maltz，美國整形外科醫師）說：「永遠不要相信，你沒有天份所以不會有成就。這是世上最大的謊言，是最令人難過的藉口。」你什麼都不缺，不必天賦異稟或者用藥，你現在就有優異的專注力和記憶力。你只需要有一顆願意學習的心，找到對的方法，自律地不斷練習，就會成功。

2 · 提高記憶力非常重要

每個成功的人都相信自己在做重要、有意義的事情。這個信念讓他們把興趣昇華至承諾。**試著想像一個禮拜沒有記憶力的生活，你會什麼都不能做**。你所做的一切都與記憶力有關，它是最重要的心智功能。記憶力變好，生命也會變得更好。

3·每個人都有出眾的能力和無盡的記憶力

想想你的大腦儲存了多少資訊（數字、故事、笑話、往事、詞彙、名字、地方等。）單單是和人講話就需要用上記憶力：你需要用心聆聽，記得別人說過的話，了解其中的意義，然後在記憶裡找出一個合適的回應，世界上所有電腦連在一起也無法做到這點。等你學會了本書的記憶法，你就可以把這些記憶潛能發揮到極致。

4·世上沒有失敗，只有回饋

多多想起自己記憶力表現不錯的時候。你可以問自己：「今天，記憶力幫我完成了什麼事？」人們常常都只想到記性差的窘況，卻不會注意記性不錯的時候，這樣只會令自己對記憶力更沒信心。你應該轉換焦點，多想起記憶力發揮作用的時刻，如果偶爾記性不靈光，把它視作回饋，再調整自己的記憶策略。

5·我不會什麼都知道

如果一個人覺得自己什麼都知道，他就無法學新的東

西。聆聽他人，重視別人的觀點，不要抗拒改變。打開耳朵，樂於接受新資訊，從各個渠道獲取新知。

你應該現在就下定決心，別再讓大腦充滿負面思考，多培養對你有益的正面信念，並把這些信念活出來，讓生命迎來改變。

❶ 找出自我設限的信念。

❷ 質疑這些信念，問自己：「是我無法改善記憶力和專注力呢，還是我沒有花精神時間去做呢？」

❸ 你還有什麼與大腦和潛能相關的信念？

❹ 記住吉米‧羅恩（Jim Rohn）說的這句話：「如果你不喜歡現狀，那就改變它吧。你又不是一棵樹，不需要站在原地。」

CHAPTER

此時此刻

「專注於你正在做的事情，太陽的光線若不集中在一點，就無法灼熱。」

——亞歷山大・格拉漢姆・貝爾（Alexander Graham Bell，加拿大發明家及企業家）

上天賦予每個人自我省察的能力，讓我們注意到生活中需要改善的地方。每個人都是注意力的主人。你可以選擇讓注意力被周遭環境所影響，也可以拿回主導權，專注於重要事務上。

很多人覺得專心致志是個很神祕的境界，只有少數幸運兒才能一窺究竟。但如果有人告訴你，大塊的二頭肌是與生俱來的，你會相信嗎？當然不會！因為誰都知道健壯的二頭肌需要不斷的鍛鍊才能練成，但人們卻竟然相信專注力是先天決定的。事實並非如此，專注力和其他技能一樣，需要大

量的練習。

我們每天都在做許多微不足道的選擇，這些選擇累積起來，就會決定我們有沒有專注力。有關大腦的研究不斷告訴我們，每當人學習新的事物，腦部就會產生變化。但有些人還是相信「大腦不會改變」，實在可笑。專注力可以提高，也應該提高，你絕對有能力把那隻在大腦裡跳來跳去的小猴子趕走，重獲主導權。

一般人的注意力飄忽不定：早上在吵耳的鬧鐘聲中醒來，醒來後第一件事就是滑手機，看看有沒有人找自己，然後就急忙跳下床去洗澡，心中想著 100 件要做的事情。他們沒有太多時間準備，只能匆忙吞下早餐，灌下咖啡，趕著出門。他們開車時，一邊聽廣播，一邊講手機，遇到交通不順暢，一肚子都是氣，隨時可能發作，他們沒有想到，交通問題無法改變，可以改變的是自己的想法。事實上，我們常常會這樣，把注意力放在千百件事情上，無法集中。

注意力其實就像個奧林匹克運動員。你的「運動員」夠優秀嗎？可能沒有，因為你沒有訓練它。很多人的注意力一直轉換頻道，總是同時在想好幾件事，做什麼事都無法專心

一致。這些人相信一個謬思，以為忙碌等於認真生活。有時候，忙碌只是拖延重要事務的藉口。忙碌讓你感覺良好，以為自己做了很多事，但回頭一看，其實只是白忙一場。人們習慣讓注意力分散在各個地方，結果變得無法專注。

養成專注力其實並不是一件難事，你只需要學習讓心變得平靜，活在當下。工作時專心工作，休息時全心休息。畢達哥拉斯（Pythagoras，古希臘哲學家及數學家）說：「讓思想安靜下來，這樣你的心才能夠傾聽和體會。」

如果心中有衝突、紛爭，就無法活在當下。你有沒有試過早上跟家人吵完架，然後一整天無法集心工作？這是因為衝突會讓心無法專注，當你心中有衝突，注意力就會散落一地——**專注力的對立面就是衝突。**

心中平靜，你就可以享受當下的時光，注意力就會像雷射光束一樣集中——**平靜和專注力是同一回事。**

如果要減少衝突，獲得平靜的心，你可以從以下 4 個方面做起：

1・管理內在聲音

　　你心中是否有個會和自己對話的「小聲音」？如果你不確定，此刻你心中很可能就在問：「有嗎？我心中有個小聲音嗎？」每個人內心都有個「小聲音」，而這個「小聲音」對注意力和生活有很大的影響。如果我們進行自我對話時，這個「小聲音」一直在抓毛病、挑錯處，問題就大了。**從現在開始，希望你多看見自己做得好的地方**，讓「小聲音」多說些好話。

　　今天，你的注意力有沒有表現不俗的時候呢？在哪些方面你太常責罵自己、需要放過自己呢？

　　內在聲音會引導你的生活，所以要好好管理這個聲音。它是你理解、詮釋世界的工具，不要讓它變成傷害你的工具。所有厭惡自己、挑起紛爭的聲音都只是些想法，你只需要改變這些想法就可以了。請記得：如果你給自己下糟指令，你就只會做出糟事情。

2・不要多工作業

多工作業是個謊言！它只會讓你無法專注，不得安寧！

如果你看過正在捕獵的母獅子，你會發現牠一次就只專注在 1 隻獵物身上，因為牠知道，如果同時想抓兩隻獵物，很可能到頭來什麼都抓不到。牠會專心一志，用盡所能去捕捉 1 隻獵物。在馬戲團裡，馴獸師訓練獅子時，會在獅子面前放 1 張椅子，因為這樣可以讓獅子無法集中——椅子有 4 隻腳，獅子會把注意力分散在 4 個地方，因而陷入混亂。人類也是一樣，大腦每次只能處理 1 件事情，不可能同時把注意力放在兩件事上。所謂的「多工作業」只是不斷的快速轉移注意力，結果是沒有 1 件事可以全心全意做好，毫無效率。多工作業真是個嚴重影響生活素質的大謊言。

人們常常不自覺地「訓練」自己成為注意力不足的人。現代很多人已經無法長時間集中在 1 件事情上。我聽人說過，每個人平均每天看手機 50 次。在跟家人、伴侶相處的美好時光，我們竟然一直在看臉書、上推持、查郵件。甚至有人會一邊開車一邊講電話。開車講電話會讓駕駛比平常慢了 0.5 秒踩剎車，假設今天你以時速 112 公里的速度開車，慢了

0.5 秒就多開了 15.5 公尺，這麼長的一段距離，什麼都有可能發生。開車時分神也會讓意外發生的機率比平常高出 9 倍。所以，根本沒有必要邊開車邊接電話，這個世界上明明有一種功能叫做留言！

神經科學顧問瑪瑞莉‧史普林格（Marilee Springer）說：「多工作業會將工作效率降低 50％，把失誤率提高 50％。」多工作業時，你的大腦處於類似嗑了藥的狀態。很多研究都指出，多工作業會令人效率變差，失去創造力，並做出錯誤的決定。

現代人不容許自己活在當下。布萊茲‧帕斯卡爾（Blaise Pascal，法國神學家及哲學家）說：「無法安靜獨處是災難的來源。」人們一走進車子就要打開收音機，走進房子就要打開電視，看電視也無法專心看一個頻道，一定要轉來轉去，甚至連專心看完一個廣告都沒有辦法。人們太常讓大腦充斥過多資訊，資訊就會打起架來。很少人懂得怎麼去引導自己的注意力，而缺乏引導的注意力真的會成為災難的來源。

別再讓大腦一直轉換頻道。練習專注，每次只做 1 件事，重新發現單工作業的價值，別再用多工作業這種降低品

質的壞方法。專心致志才能產出好的成果，漫不經心的付出不會有好成績，唯有全心投入在 1 件事上，才能把所有能量和資源都投注其中。

3・目標清晰

很多時候，人們面對一堆資訊，卻不知道自己要的是什麼，因為他們沒有明確的目標。以後處理資訊時，先準備好「PIC」這 3 個元素：

🧠 目的（Purpose）

建立明確的目的會讓你事半功倍。學習任何東西時，都要清楚目的是什麼，如果你不知道你想要的是什麼，就算得到了你也不會曉得。有目的地學習會提高你的注意力、理解力、記憶力和組織力。目的越明確，要找的資訊就越清楚，收穫就會越豐富。模糊不清的目的像這樣：「我希望從這本書中學會一些與記憶有關的內容」，清楚明確的目的比較像：「我希望從這本書學會至少 6 個提升記憶力的策略。」這樣，你就可以找到與目的相關的資訊，並加以應用。正如大衛・艾倫（David Allen，美國管理顧問、高階經理人教練）所說：

「當你做一件事卻不清楚為何而做，就永遠都做不完。」

🧠 興趣（Interest）

你的興趣有多少，注意力就有多少。如果不感興趣，就很難記住看過的內容。對感興趣的事情，你就會專注投入，自我要求；對沒興趣的內容，你就會藉口一堆，不斷拖延。

只要你對內容有興趣，你就可以記住大量的資訊，集中精神根本毫無難度。所以很多時候，所謂的缺乏專注力其實只是缺乏興趣。**你不是缺乏專注力，只是讓專注力跑到別的有趣事物上罷了。**

我們都知道興趣可以提高專注力，但當面對無聊乏味的資訊時，到底要如何提起興趣呢？首先你要了解自己對什麼感興趣，然後再設法將資訊與興趣連結起來。比如說，我喜歡舉辦培訓和分享知識，閱讀時我總會尋找與這兩個主題相關的資訊，所以過程中比較容易專注。我常常問自己：「這些內容可以怎麼與培訓結合起來？這可以如何讓生命更精彩？記住這些資訊值得與人分享嗎？我可以怎麼運用這些資料？它們對我的未來有幫助嗎？可以如何用它們達成目標？」換

言之，只要把興趣與資訊連結起來，再無聊的內容都會變得有趣。正如吉爾伯特‧卻斯特頓（Gilbert Chesterton，英國作家及評論家）所說：「世上沒有無趣的事，只有提不起興趣的人。」所以，讓自己提起興趣吧！

好奇心（Curiosity）

要怎樣變得充滿好奇心？學會問問題，就會變得好奇。學習任何新事物時，都應該問幾個可以激勵自己的問題。許多人很不會問問題，看到這本書他們可能只會問：「我為什麼要看這本書？這本書太長了，看起來很無聊。」這樣的人怎麼可能會認真學習？學習問自己一些可以激起好奇心的問題，像是：「這些內容可以怎麼運用在生活中？這個資訊可以怎麼幫助我達成目標？這可以如何讓工作變得更有效率？如何讓生命變得更好？如何讓我變得更優秀？」學習對所有事物都抱有好奇心，正如東尼‧羅賓斯（Tony Robbins，美國作家及演說家）所說：「抱有好奇心，人生就不再無聊。很自然地，所有事物都有了意義，都吸引你學習。培養好奇心吧，你的人生將會因此充滿樂趣！」

4・減少憂慮

如果有一天，你一覺醒來發現不再需要憂慮，你會感覺如何？我想，你應該會有很平靜的心情，不用再為各種事情擔心焦慮，不用再緊張兮兮。

想像一下，如果你不再需要擔心別人會對你做什麼事，不再需要擔心政府的種種政策，不再需要擔心週遭的流言蜚語，生活會變得多美好。

拜倫・凱蒂（Byron Katie，美國心靈導師）說過：「世上只有 3 種事：你的事，我的事，還有上帝的事。」如果你只管好自己的事，不要一直干預別人的事，人生就會自在得多。不要胡思亂想，生活就會輕鬆一點。但如果你不斷焦慮，並且相信那些焦慮，就只會身受其害。你到底想要管多少人的事呢？少管一些事情，讓大腦的負擔輕一些，這樣思緒就可以像雷射光束一樣靈敏。

你可以在乎，但沒有必要擔心，擔心只是你的習慣。擔憂是個很有「創造力」的心理狀態，如果你常常問自己「萬一怎樣」的問題，就會製造出憂慮。如果你老是問自己：「萬

一我丟了工作怎麼辦？」「萬一我撞車怎麼辦？」「萬一我被搶劫怎麼辦？」這許許多多用「萬一」造句的想法會在腦海中形成一個個畫面，反覆放映，造成憂慮。你只需要稍微改變問問題的方式，問自己：「如果丟了工作應該怎麼做？」「撞車應該怎麼處理？」就可以跳出憂慮的迴圈，轉而思考如何解決問題，心態就可以平靜許多。

學習處於平靜，因為平靜才能專注，專注才能記憶。

很多人的情緒都在兩個極端之間擺盪，不是極喜，就是極悲。學會專注，你就能夠處於安定。當你能把能量集中起來，就可以成就很多事情。思緒就像火炬，一般人拿著火炬到處跑，火光亂閃；而你的火炬靜靜地待在某處，發光發亮。沒有任何外在事物可以提高專注力，專注力是內在的事，要從內在下工夫。

你今天就要做決定：你要培養專注力，或是就這樣不了了之？如果你願意，就從現在開始，丟掉藉口，改變信念吧。

創造與連結

「訓練創意時，記憶力自然會提高。

同理，訓練記憶力時，創意也自然會提高。」

——東尼‧博贊

PART

2

05

CHAPTER

資訊的活力

「大腦就是世界上最好玩的遊樂場。」

——馬克‧維克多‧漢森（Mark Victor Hansen，美國心靈勵志作家）

很多人都想擁有圖像般的記憶力。他們對圖像記憶力的理解是：看到資訊就能毫不費力地記起來，像拍照一樣存進大腦，並且能夠清楚無誤地描述資訊。如果真能夠這樣的話，大腦恐怕就成了相機。**事實上，圖像記憶力只是一個迷思，深刻的記憶都是刻意的。**

記憶的過程其實不像拍照，而像創造。所謂擁有圖像記憶力的人其實都運用了本書接下來介紹的記憶法，如果你把這些方法加以應用，也會有同樣的效果。說到底，優秀的記憶是學習而來的技巧，不是天賦的才能。

你有沒有試過，考試時明明記得題目的答案是在書中哪一頁，但就是想不起裡面的內容？或是看書看完一整頁，卻完全想不起自己讀了什麼？如果有，那是因為你沒有讓資訊活起來。

　　想想看，你讀小說的時候，腦海裡是不是像在播放一部小電影？就算有很多人名、地名、故事情節，都可以通通記住，因為這些內容在大腦裡變成了一個個畫面。在這個過程中，你運用了與生俱來的想像力和創意。

　　但人們學習課本內容時，卻天真地想要用「圖像記憶」記住一切內容，而把寶貴的想像力放著不用。每個快速學習的人都會借助想像力，無一例外，只是有些人天生就會這樣做，有些則是後天學習而來。

　　大多數人透過聲音記住資訊，他們反覆誦唸內容，以為資訊會就此印在大腦。但是，聲音記憶其實非常有限，因為聲音很難與其他記憶作連結，而且聲音記憶是連續性的，也就是說，如果你要提取某個資訊，就需要回想整段聲音記憶，而不能馬上提取中段的資訊。相反，如果用圖像來儲存資訊，就可以在眾多內容中快速鎖定特定資訊。

讀到自己喜歡的書時，想像力就會啟動，把書中的資訊變活，我們很自然地投入其中，要不看我們可能還會不願意，因為腦海裡正在放「電影」，我們不捨得關掉。

大腦就像是個電影螢幕，如果能用這個螢幕放映大量資訊，就可以達到高效率學習。大腦其實每天都在創造奇蹟，因為它不斷將無趣的資訊變成活潑的圖像。當你意識到這點，就可以把每個字詞都變成圖像，因為文字就是 3D 影像的代號。亞瑟‧戈登（Arthur Gordon，英國政治家）說過：「這些在白紙上的黑色記號，這 26 個不同形狀的字母，以無窮無盡的組合形成所謂的文字，本來毫無生氣，直到有人拿起來閱讀。」

如果大腦無法將這些代號變成圖像，所有的學習、閱讀都毫無意義。大腦容易記住圖像，正如約翰‧梅迪納（John Medina，美國神經科學家）所說：「給你聽一段內容，3 天後你只會記得 10％，但如果加一幅圖畫，就會記得 65％。」

有人會說：「我無法想像圖像。」但事實上，除了腦部嚴重受損的患者，其他人都有能力想像圖像。你只要練習運用想像力，畢竟，這不是天賦的能力，而是需要學習的技能。

閱讀和理解也是個運用想像力的過程。如果可以在腦海中想像圖像，閱讀和理解的過程就會比較順暢；如果無法，過程就會比較艱難，甚至會讓你覺得困惑。想像一下，假如你不知道汽車引擎長什麼樣子，卻要了解它如何運作，是多困難的一件事。

所以，我們越能把資訊轉化成圖像，就越容易理解和記憶。在學習的過程中運用想像力，能讓學習變得有趣，讓資訊變得容易記憶。

運用想像力的方法就是，盡量在腦海裡塑造成刺激、生動的畫面，運用「SEE」原則可以幫你達到這點。

「SEE」原則

感官（Senses）

資訊只能透過 5 種途徑進入大腦，那就是視覺、聽覺、嗅覺、味覺和觸覺。善用感官讓資訊變得生動，就可以強化記憶。

感官讓我們與世界產生連結。感官訓練越多，腦部就運用越多，如果能夠運用多個感官協助記憶，記憶力亦會隨之而改善。現在試著想像你眼前有 1 匹馬：嘗試在腦海裡看著牠，想像撫摸馬身的觸感，聞一下牠散發出的氣味，聆聽牠發出的嘶聲，你甚至可以舔一下牠。當你這樣做，腦海裡出現的就不再是 1 個「馬」字，而是一幅活色生香的畫面。感官刺激可以這樣讓資訊變得具體、生動，好好地運用這個技巧吧！

誇張（Exaggeration）

1 顆普通大小的草莓和 1 顆像房子那麼大的草莓，哪個比較容易記憶？我們可以透過把圖像放大或縮小，讓它變得誇張、奇特。再來試一次：1 隻普通的大象和 1 隻穿著粉紅色比堅尼的大象，哪個比較容易記憶？

誇張化的過程中還能加入幽默元素。**沒有什麼研究說過學習一定得正經八百**，我建議你盡量把畫面想得不合常理，享受其中的樂趣，創造誇張的圖像。

🧠 賦予能量（Energize）

學習為圖像注入力量。如果你要回顧一趟旅程，你想看影片呢還是投影片呢？當然是影片吧。如果問你，1 匹站著不動的馬和 1 匹在路上奔馳的馬，哪個畫面比較難忘呢？當然是後者吧。

不要讓資訊停留在黑白、靜止的畫面，給它添上色彩和動感，就可以把它變牢牢記住。讓它們變成又奇怪又誇張的圖像，用不合常理的方式處理這些圖像：讓圖像互相撞擊，或是用想像的釘子把圖像釘起來，或是把圖像包裹起來，或讓它們像迪士尼的卡通人物那樣唱歌跳舞。

運用想像力是一個有趣的創造過程，越能享受其中的樂趣，就越成功。

處理任何資訊時，都可以運用「SEE」原則，想像自己在看一部電影。就算你不用接下來介紹的記憶法，單單「SEE」原則就可以幫你提高專注力。愛蜜兒・古埃（Emile Coue，法國心理治療師）指出：「如果想像力和意志力起衝突，每次勝出的都會是想像力。」如果你想用意志力記住資訊，但完全沒

有運用想像力的話，那只會事倍功半，因為想像力是記憶的關鍵。

你可能會說：「這不是我習慣的思考方式。」

老實說，這也不是我習慣的思考方式，我是刻意訓練這樣思考的，因為這個方式有效。只要你學會這個方法，你的學習力、理解力和創造力都會大大提高。

要怎樣才能把抽象的資訊變成具體的圖像？

名詞和形容詞不難記，因為它們有明確的意思，我們可以輕易想像圖像。面對抽象的字詞，其實也可以用類似的方法，只需要用聲音相近的字作替換，以意義鮮明的字詞代替抽象的字詞即可。如果小朋友要記「華盛頓」（Washington）這個英文，可以把它想成「洗罐頭」（washing a tin）。如果要學「氫」（Hydrogen）這個字，你可以想成「消防栓在喝琴酒」（a fire Hydrant drinking gin）。

所有複雜的資訊都可以透過圖像化變成容易記憶的內容。一開始學習這個方法會比較費勁，但慢慢就會習慣。練

習把字詞拆成幾個部分，再把這些部分組合成一幅圖畫。接下來我們就用這個方法來記憶幾個外語單字，記得使用「SEE」原則，把每個單字都變成一個圖像。

🧠 **西班牙文單字：**

- 老虎是「Tigre」，聽起來很像英文裡的茶（tea）和灰色（grey），可以想像成老虎在喝灰色的茶。
- 太陽是「Sole」，想像陽光燙傷你的腳底（sole）。
- 手臂是「Brazo」，想像一個胸罩（bra）縫（sew）在手臂上。

🧠 **意大利文單字：**

- 雞是「Polo」，想像玩水球（polo）時不用球，改用小雞當球。
- 貓是「Gatto」，想像跟朋友說：「你一定要（you've got to）抓緊我的貓！」

🧠 **法文單字：**

- 書是「Livre」，想像打開書發現裡面有個壓扁的肝臟

（Liver）。

- 手是「Main」，右手是我主要（main）用的手。
- 椅子是「Chez」，想像椅子上有股票（shares）。

祖魯文單字：

- 狗是「inja」，想像一隻受傷（injure）的狗。
- 地板是「phansi」，想像地板上長出三色紫蘿蘭（pansy）。
- 蛇是「Inyoka」，想像你的車子裡（in your car）有條蛇。

日文單字：

- 胸口是「Mune」，想像很多錢（money）從你胸口湧出來。
- 門是「To」，想像你用腳趾頭（toe）踢門。
- 地毯是「Juutan」，想像你（you）躺在地毯上曬太陽（tan），或者你（you）把地毯拿去曬（tan）。

現在我們來測試一下：

老虎的西班牙文是什麼？

貓的意大利文是什麼？

狗的祖魯文是什麼？

胸口的日文是什麼？

書的法文是什麼？

雞的意大利文是什麼？

蛇的祖魯文是什麼？

手的法文是什麼？

地毯的日文是什麼？

只要把這 14 個畫面連起來，變成一部大腦可以「觀看」的小電影，就能牢牢記住這些單字。你可以用這個方法記住幾百個外語單字，每次只需要把兩個概念聯想起來，用想像力創造圖像，花個幾秒就能記住。

同樣的方法也可以用來記憶國家和首都的名字。

- 澳洲（Australia）的首都是坎培拉（Canberra），想像澳洲的袋鼠在吃一整罐莓果（a can of berries）。

- 希臘（Greece）的首都是雅典（Athens），想像 8 隻母雞（eight hens）在希臘游泳。

- 馬達加斯加（Madagascar）的首都是安塔那那利佛（Antananarivo），想像一輛瘋狂的汽車（mad gas car）撞向你的朋友安（Ann），她剛剛在河邊曬太陽（tan on a river）。

- 比利時（Belgium）的首都是布魯塞爾（Brussels），想像一個正在健身的鐘鈴（a bell doing gym），裡面忽然有甘藍菜（Brussels sprouts）掉下來。

只要把這些抽象的字詞變成一個個有趣的圖像，就可以把各國的首都記起來。

如果養成過人記憶真的有什麼訣竅，那就是運用無窮的想像力，讓資訊變得生動。

你要為自己的記憶力負責：啟動想像力，才能發揮記憶力。良好的記憶力不是由誰賦予的東西，需要你自己去經營和建立。再無聊的資訊都可以變得生動，我們剛剛就嘗試了如何將抽象的資訊變成具體的概念，這樣的記憶過程讓記憶力、幽默感和創造力都得以提高。

CHAPTER

車輛記憶法

「把簡單的事物變複雜,非常容易;
把複雜的事物變簡單,要有創意。」

——查爾斯‧明格斯(Charles Mingus,美國作曲家)

　　第 5 章說明了如何把資訊轉換成圖像,讓資訊變得生動。這一章要教大家如何在長期記憶中建立「檔案」,有了「檔案」,就可以把圖像放在裡面,記憶資訊就會更加容易。同樣,使用這個方法需要改變我們慣用的思考方式。我常常不懂為何人們口口聲聲說想要改善記憶力,卻始終不改變自己記憶的習慣。想要有不一樣的結果,當然得先有不一樣的行動。

　　本章介紹的記憶法叫「車輛記憶法」。車子是個很棒的長期記憶儲存空間,因為每個人都熟悉自己的車子,可以快速想起裡面的架構。這個方法和本書的其他方法都需要運用

「SEE」原則，你要盡量把資訊變成圖像，要記得所有文字都只是圖像的代號，丟掉一切「我沒有創意」、「我不習慣這樣思考」的藉口，因為這本來就不是我們從小習慣的思考方式，而是需要經過訓練的有效記憶法。

下面的記憶練習可能看起來有點滑稽，但很快你就會明白它的意義在哪裡。詳細解釋這個方法要花很多時間，實際示範比較快捷。這個方法一定有用，如果你不認同，唯一的可能性是你根本沒有用過。

以下這個練習還是會用名詞來作為記憶素材，因為名詞容易想像，而且容易存進大腦，之後的練習就會開始以抽象資訊為素材。現在就來看看你可以記住下面多少資訊。

先想像你站在自己的車子旁。想像自己把 1 顆大**蘋果**塞進車子前方的水箱罩裡；把 1 根**胡蘿蔔**插在引擎蓋上；想像擋風玻璃上有個**全穀麵包**，你心想這個麵包一定會把雨刮器弄壞。走進車子，在儀表板上倒滿**水果乾**，現在水果乾擋住了整個速度計；想像自己坐在駕駛座上，屁股下壓著一堆**藍莓**和**草莓**（想像一下那種觸覺）；用**雞蛋**砸在你身旁乘客的臉上，他現在滿臉都是蛋汁；把很多**堅果**和**種籽**撒在後座上。

再走出車子，想像車頂上有個跟車子一樣大的巨型**柳丁**，打開行李箱發現裡面全都是**魚**（低頭聞一下它們）；排氣管裡，竟然有**花椰菜**和**甘藍菜**湧出來，最後你發現，輪胎竟然是用**番薯**做的！

現在從頭到尾想一遍，看看記不記得所有內容。如果有些記不起來，嘗試讓想像的畫面變得更生動，讓大腦更容易記憶。

你剛剛看到的是 14 種「超級食物」，這 14 種食物可以讓人提高活力，思維變得敏捷。現在這 14 種超級食物已經存在你的記憶裡，車子的裡裡外外有哪些食物，你都說得出來。車頂有什麼？引擎蓋上有什麼？你應該一下子就可以想起來。

有人會說：「這樣我得先把整部車記起來呢！」但事實上，這個熟悉的空間早就儲存在你的記憶裡，你不需要特別記住什麼，你使用的儲存空間一直都在長期記憶裡。

沒有意外的話，你剛剛記憶 14 種食物應該毫無困難。到底為什麼這個方法會奏效？把水倒進篩子，水會直穿而過；但如果在篩子上加了一層薄薄的塑膠袋，篩子也可以留住

水。記憶力的原理也像這樣，「長期記憶」（long-term memory，你非常熟悉的資訊：像是自己的名字、家裡的擺設等）就是那層塑膠袋，可以流住水一般的「短期記憶」（short-term memory，新接觸的資訊：像是陌生人的電話號碼）。利用長期記憶來記住短期記憶，就可以形成強大的「中期記憶」（medium-term memory）。

車內的設備早就在你的長期記憶裡，所以它可以作為儲存短期記憶的空間。所有記憶法都可以套用在這個公式：

長期記憶（LTM）＋短期記憶（STM）＝中期記憶（MTM）

而且，這個方法能讓資訊變得有條理。兩個字母相同的字：「Super memory」和「Yomerm puers」，哪個比較容易記？當然是第一個，因為它比較符合英語的規律。規律、有條理是良好記憶的必要元素——快速學習的關鍵就在於把資訊安排得井然有序。

下面，我們再來練習一次「車輛記憶法」。下圖的車子裡有 7 個東西，它跟剛剛我們記住的內容完全無關，它是個新的「記憶檔」（memory file）。

　　把這個圖記起來，確保腦海中可以重現這 7 個圖案，記好每個圖案在車子的哪個位置。

　　如果你已經記起來，你就已經學會了史蒂芬・柯維（Steven Covey，美國管理學大師）的名著《高效能人士的 7 個習慣》（*The 7 Habits of Highly Effective People*）裡面的 7 個習慣，因為上面每個圖像都對應到 1 個習慣。以後要檢視自己有沒有養成這些習慣就方便多了，只要想起這部車，就可以得到所有資訊。

　　現在來解釋一下每個圖案的意義：

- 習慣 1：主動積極（Be Pro-active）。有隻蜜蜂（bee）是專業的高爾夫球手（pro-golfer）。

- 習慣 2：以終為始（Begin with the End in Mind）。大腦在賽跑，心中想著終點（looking at the end in mind）。

- 習慣 3：要事第一（Put First Things First）。男孩選擇站在第一的位置。

- 習慣 4：雙贏思維（Think Win/Win）。獎盃碰上獎盃，雙重勝利。

- 習慣 5：知彼解己（Seek First to Understand, Then to be Understood）。雨傘下（under）的人準備要站起來（stand）。

- 習慣 6：統合綜效（Synergize）。有生命的標示牌（sign）站在車邊（edge），用眼睛（eyes）保持平衡感。

- 習慣 7：不斷更新（Sharpen the Saw）。鋸子（saw）放在車輪邊，因為不斷摩擦而變得鋒利。

使用這個方法時，圖像的數量不能太多，越少越好，用最少的圖像記住最多的資訊。數量少負擔就會小，會比較容易記住。

各個物品的位置也讓你知道 7 個習慣有性質上的差異，前 3 個習慣與「個人領域成功」（Private Victory）有關：車子前方是私人的地方，引擎蓋只有你自己能打開。後面 3 個習慣與「公共領域成功」（Public Victory）有關：車子後座會讓他人乘座，象徵公共領域。最後 1 個習慣在車子外部，象徵總括前面 6 個習慣，全面成長。

記住這 7 個習慣，有空的話，我建議你認真讀《高效能人士的 7 個習慣》，培養這些重要習慣。正如作者史蒂芬・柯維所說：「習慣可以培養，也可以丟掉，但這不是一天兩天的事，需要時間和承諾。」

在這一章，你已經記住了 21 個有用的資訊，接下來我們練習的素材也一樣，全都是可以改善生活品質的重要資訊。運用「車輛記憶法」可以把資訊整理得井然有序，方便記憶。其實車子這麼大的空間，還有很多記憶空間可以用，只要用心想想，至少還能想出 100 個可以儲存資訊的地方。除了車

子之外，你還能把其他熟悉的交通工具變成「記憶檔」，像是公車、火車、飛機、輪船，甚至是太空船，每一個都可以用來記憶資訊。

07

CHAPTER

身體記憶法

「生命是鋼琴，多元智能是琴鍵，
善用每種智能，生命將能譜出奇妙的樂曲。」

——東尼‧博贊

　　這句話出自東尼‧博贊的《深入淺出》（*Head First*，暫譯），書中指出每個人都有 10 種智能，也就是說，聰明的定義遠遠不只一種。我喜歡記住這 10 種智能，因為它們會常常提醒我人類的智力有多奇妙，也能讓我多注意自己的各種智能。現在我會用「身體記憶法」幫你記住這 10 種智能。這個記憶系統與「車輛記憶法」相似，但這次我們會利用身體部位來儲存資訊。身體是個很好用的記憶空間，因為它是你最熟悉的東西，它可以分成許多個記憶空間，但為了方便說明，我舉例時只會使用 10 個身體部位。

　　這次記憶的資訊比較抽象，會比上一章難度高一點，但

只需要多發揮一點想像力，就可以把 10 個重要智能記起來。
現在就來試試看吧！

🧠 1.「創意力」（Creative intelligence）

用腳底板來記憶。想像你站在一個很明亮的大燈泡上（燈泡象徵創意），想像燈泡很熱，燙到你的腳。如果你想進一步加強連結，可以想像你在燈泡上用腳畫畫。

🧠 2.「自覺力」（Personal intelligence）

用膝蓋來記憶。想像自己用膝蓋夾住一個巨型錢包（Purse，與 Personal 音近）。我們可以再為這個畫面加一點動作，想像你要用膝蓋打開錢包。「自覺力」與自我管理有關，所以你要自己努力用膝蓋打開錢包。

🧠 3.「社交力」（ Social intelligence）

用大腿來記憶。想像有很多小小的人兒在你大腿上開派對，記得運用「SEE」原則，仔細看那些參加派對人在做什麼，感覺一下你的腿，他們正在上面走來走去呢！

4.「靈性力」(Spiritual intelligence)

用皮帶來記憶。想像一個可愛的小精靈在你的腰間幫你扣皮帶。

從雙腳往上到皮帶，我們剛剛記住了創意力、自覺力、社交力和靈性力。

5.「體格力」(Physical intelligence)

用腹部來記憶。想像你在做仰臥起坐，腹部在一瞬間變成完美的六塊肌。

6.「感官力」(Sensual intelligence)

用左手來記憶。想像自己感動得一把鼻涕一把眼淚，用左手來抹掉。

7.「性欲力」(Sexual intelligence)

用右手來記憶。這幅圖請你自己想像。

從雙腳往上到雙手，我們剛剛記住了創意力、自覺力、社交力、靈性力、體格力、感官力和性欲力。

🧠 8.「數字力」（Numerical intelligence）

用嘴巴來記憶。想像自己張開嘴巴，裡面有很多色彩繽紛的數字噴出來。又或者，想像自己只能用數字說話。

🧠 9.「空間力」（Spatial intelligence）

用鼻子來記憶。想像有一艘太空船在你鼻子上著陸，或者想像太空船飛向鼻子。

🧠 10.「語言力」（Verbal）

用頭髮來記憶。想像自己的頭髮會寫字或講話。

現在從頭來看看這個 10 個身體部位和智能的連結：

◎創意和情感方面的智能類型

腳象徵行動，所以這方面的幾個智能都用與腳相關的部位來記憶。

1. 創意力
2. 自覺力

3. 社交力

4. 靈性力

◎身體方面的智能類型

這幾項使用核心肌群來記憶，應該十分合理。

5. 體格力

6. 感官力

7. 性欲力

◎比較常見的智能類型

全部與頭腦相關，所以用頭部來記憶。

8. 數字力

9. 空間力

10.語言力

東尼・博贊說，我們現在活在智能世代，所以我想，這10種智能應該很值得記住。「身體記憶法」讓人把資訊儲存在不同位置，所以你可以輕易提取你需要的內容。

你現在已經記住這個智能清單，以後如果閱讀《深入淺出》就會更快進入狀況。如果你之後碰上霍華德・加德納（Howard Gardner，美國智能心理學家）的理論或其他智能理論時，你就可以把新的資訊與這個清單連結起來，存進相關的身體部位。現在，別人討論 IQ 時你會發現，很多人口中的 IQ 其實只是 10 種中的其中 3 種（數字力、空間力、語言力），並非 IQ 的全貌。

> 「我們從小就學習分辨誰聰明、誰不聰明，但其實我們對聰明的定義十分狹窄，完全受限於學校所重視的幾項智能，那就是語言智能和數字智能。」
>
> ——保羅・麥肯納（Paul Mckenna，英國潛能開發專家）

「身體記憶法」是古希臘人所發明的記憶方法，你可以用這個方法應付考試和工作，或者用來記購物清單，或各種瑣事都可以。如果你想要記下事情時剛好在洗澡，手上沒有筆，也能用這個方法記憶。

我在剛剛的例子只用了 10 個身體部位，但其實還有很多部位可以用，像是背部、耳朵、眼睛等等，只要你的聯想夠有趣、自己記得住順序，每個身體部位都可以儲存資訊。我自己就用這個方法記住了 50 個資訊，這個方法最大的好處在於資訊容易提取——一看看自己就想起來了。

08
CHAPTER

掛勾記憶法

「遺忘是無法證實的事，我們只能說，
有些時候事情就是想不起來，僅此而已。」

——尼采（Friedrich Wilhelm Nietzsche，著名德國哲學家）

你有沒有試過，因為聞到似曾相識的氣味，突然回想起很久以前的一件往事？或是聽到一段音樂，就想起某段過去？這裡的氣味和音樂，就是記憶的連結。

我們可以把這個現象變成提升記憶力的工具。這個工具是我第一個學會的記憶技巧，那次的經驗讓我大開眼界，我從此發現自己的記憶潛力有多大。我希望你學會後也會有同樣的感覺。這個方法叫「掛勾記憶法」（The Peg Method）。

在這一章，我們會來探索大腦的聯想力有多強大。本章介紹兩種「掛勾記憶法」，一種是「押韻掛勾法」（The

Rhyming Peg Method），另一種是「形狀掛勾法」（The Shape Peg Method），發明這兩個方法的人，是 17 世紀末的英國記憶大師約翰・山姆布魯克（John Sambrook）和亨利・賀森（Henry Heardson）。

這個方法簡單有效，讓人在短時間內記住 40 多個資訊，回想過程也不需要受順序限制，可以隨時提取特定資訊。

現在先來看看「押韻掛勾法」。所謂「掛勾」，顧名思義，就是要幫你把資訊「掛」在腦海裡。這個方法的關鍵在於，「掛勾」必須是長期記憶，因為短期記憶需要借用長期記憶才能儲存妥當。把「掛勾」和新資訊聯想起來，就可以把資訊「掛」在腦海。用前幾章的話來說，「掛勾」就是用來放置新資訊的儲存空間。那「掛勾」到底是什麼？在「押韻掛勾法」中，「掛勾」就是押韻的字。這邊用數字 1～10 來舉例說明一下：

1　包子（One - Bun）

2　鞋子（Two - Shoe）

3　樹木（Three - Tree）

4　大門（Four - Door）

5　蜂房（Five - Hive）

6　棍子（Six - Sticks）

7　天堂（Seven - Heaven）

8　柵門（Eight - Gate）

9　藤蔓（Nine - Vine）

10 母雞（Ten - Hen）

這 10 個名詞就是「掛勾」，現在要做的就是把「掛勾」和資訊連結起來。東尼・羅賓斯（Tony Robbins，美國作家及演說家）在他的名著《喚醒心中的巨人》（*Awaken the Giant Within*）中列出了 10 種情緒力量，我覺得很值得記起來。每天花點時間想想這 10 種情緒力量，你會比較知道怎樣讓自己變得更好。

◎ **10 種情緒力量：**

1. 愛和溫暖（Love and warmth）

2. 欣賞和感激（Appreciation and gratitude）

3. 好奇（Curiosity）

4. 興奮和熱情（Excitement and passion）

5. 決心（Determination）

6. 靈活（Flexibility）

7. 自信（Confidence）

8. 開朗（Cheerfulness）

9. 活力（Vitality）

10. 貢獻（Contribution）

記住，聯想時要盡量讓畫面變得誇張、不合邏輯，然後讓畫面在腦海中停留幾秒，如果覺得腦海的聯想不夠有力，可以直接把它畫出來。

- 「**1 包子**」（**One - Bun**）：想像你面前有 1 顆熱騰騰的心形包子，或者想像千百個愛心從溫熱的包子裡飛出來，就可以記得 **1 是「愛和溫暖」**。

- 「**2 鞋子**」（**Two - Shoe**）：想像牧師用擦菜板擦鞋子，「牧師」（a preacher）和「欣賞」（appreciation）音近，「擦菜板」（grater）和「感激」（gratitude）音近，所以 **2 是「欣賞和感激」**。

- 「**3 樹木**」（**Three - Tree**）：想像 1 隻貓被困在樹幹裡，這可能不合常理，但沒有關係。也可以想像貓形狀的樹枝，或是倒掛在樹枝上的貓，又或是樹上長出許多

隻貓。所謂「好奇殺死貓」，貓和好奇應該不難連結，所以 3 是「好奇」。

- 「4 大門」（Four - Door）：想像有人很興奮地撞破你家大門。或是想像 1 扇大門興奮地跳來跳去，開開合合，你再用百香果（passion fruit）往大門砸，就可以記得 4 是「**興奮和熱情**」。

- 「5 蜂房」（Five - Hive）：想像堅毅的蜜蜂努力地建造蜂房，蜜蜂是堅毅的象徵，所以 5 是「**決心**」。

- 「6 棍子」（Six - Sticks）：想像自己持棍和 1 個身手敏捷的人對峙，或者想像 1 支可以伸縮自如的木棍，就可以記得 6 是「**靈活**」。

- 「7 天堂」（Seven - Heaven）：想像你在天堂裡，看到每個人都神采飛揚、充滿自信，就可以記得 7 是「**自信**」。

- 「8 柵門」（Eight - Gate）：想像一道形狀好像在微笑的柵門，你開朗地走進柵門，就可以記得 8 是「**開朗**」。

- 「**9 藤蔓**」(Nine - Vine)：想像藤蔓上長出葡萄，你吃掉葡萄後感覺充滿活力，所以 **9 是「活力」**。

- 「**10 母雞**」(Ten - Hen)：想像有隻每天都會下蛋的母雞，這隻母雞對主人很有貢獻，所以 **10 是「貢獻」**。

　　現在從頭想像每個畫面，你應該已經記住這 10 種情緒力量，可以不按順序說出任何一種，你可以自己測試看看。

　　常常練習這些情緒力量，你就可以成為情緒的主人。東尼・羅賓斯說：「你就是所有情緒的來源，一切情緒都是你自己創造出來的，每天練習情緒力量，你的生命將會茁壯成長。」

　　「押韻掛勾法」還可以進一步延伸，比如說數字 1 的英文（one）可以除了跟包子（bun）押韻外，還可以跟太陽（sun）、肚子（tum）、口香糖（gum）、手槍（gun）押韻。這樣的話，1 個「掛勾」就可以儲存 3 到 4 個資訊，所以一個從 1 到 10 的「掛勾」系統可以存起 30 到 40 個資訊。

　　「掛勾」的變化無窮無盡，其中一種變型就是我要介紹的

第二個方法：「形狀掛勾法」，也就是把數字想像成具體的圖案，原理和「押韻記憶法」一樣，只是這次掛勾不是押韻的字，而是有形狀的字。因為運作方法一樣，所以這邊不再重覆舉例示範。

你可以試著用下圖來記住 10 個資訊，記得過程要有趣。「形狀掛勾法」和「押韻記憶法」的差異只是「掛勾」種類的不同。以下是「形狀掛勾法」的「掛勾」清單：

「掛勾」的樣子可以千奇百怪，你可以自己創造各式各樣的「掛勾」。比如說，26 個英文字母可以變成 26 個物件，A 是蘋果（apple），B 是水桶（bucket），C 是貓（cat），D 是海豚（dolphin），如此類推，再用這 26 個物件來儲存新資訊。記得「掛勾」需要是你非常熟悉的內容，像是運動名人、動漫角色、偶像明星等等。多用這個方法，你就會不斷想到改進的方式。

CHAPTER

旅程記憶法

「你想些什麼，就會記得什麼，
因為記憶是思想的住處。」

——丹尼爾‧威林厄姆（Daniel T. Willingham，美國認知心理學家）

接下來介紹的記憶系統是所有記憶法中最有效的一個，它會對你產生巨大的影響。這個系統大概 2500 年前就出現了，它不難用，但這許多年來卻始終沒有很多人看見它的價值。使用這個系統可以記住不同種類的資訊，而且數量再多都沒有問題。要熟悉這個系統可能要花點時間練習，但你一旦學會，就一定不會再回頭用以前的方法。它就是「旅程記憶法」（The Journey Method）。

「旅程記憶法」是所有記憶法的原型，也是效果最好的一個，用這個方法記憶資訊就像回想起一趟難忘旅程那麼簡單，有些人甚至因為做法太簡單，不相信它可以有效到那裡

去。但事實上，「旅程記憶法」之所以有效，就是因為它簡單易學，不會讓使用者無法駕馭。

「旅程記憶法」的原理和「車輛記憶法」、「身體記憶法」一樣，它們的差異只在於使用的儲存空間不同。運用「旅程記憶法」時，我們會用地點、旅程，或路線來記住資訊。

使用這個方法的過程如下：

1. 想起一個井然有序的空間（像是住家或百貨公司）。
2. 標記出這個空間裡的幾個物件，準備用來存放資訊，像在「車輛記憶法」和「身體記憶法」所做的一樣。
3. 把要記住的資訊轉化成圖像。
4. 把這些圖像放進標記起來的物件。

簡單來說，這就像走進 1 棟建築物，或走在 1 條熟悉的路上，把要記住的資訊放進沿途看見的東西裡。這個記憶系統可以存放大量資訊，而且使用方法就如同從家裡走到附近的便利商店一樣輕而易舉，過程中你會再次用到這個原理：**長期記憶＋短期記憶＝中期記憶。**

現在來舉例說明一下「旅程記憶法」實際如何應用。下面是約翰‧麥斯威爾（John Maxwell，美國領導力專家）在其名著《贏在今天》（*Today Matters*）裡提到的重要原則。我很喜歡約翰‧麥斯威爾的著作，因為他行文邏輯清晰、條理分明，讓讀者容易吸收和記憶資訊。他喜歡在書中把重要主題列成清單，之後再逐個深入探討，如果你可以把他所有的清單和理論記起來，你很快就會成為領導學專家。正如前面幾章提到的，資訊一旦存進大腦成為知識，就會自動吸引更多相關的資訊，而且更能運用在生活中，因為記憶是運用的前提，如果無法記得，要怎麼運用出來？

約翰‧麥斯威爾在《贏在今天》中提出了 12 個改善生活、提高成就的重要面向，他建議讀者每天都注意這 12 點。麥斯威爾在書中說：「如果要改變人生，先要改變每天的生活。」他稱這 12 項內容為「每日 12 操練」（The Daily Dozen）：

1. 態度（Attitude）
2. 優先事務（Priorities）
3. 健康（Health）
4. 家庭（Family）

5. 思考（Thinking）

6. 承諾（Commitment）

7. 財務（Finances）

8. 信念（Faith）

9. 關係（Relationships）

10.慷慨（Generosity）

11.價值（Values）

12.成長（Growth）

　　很多人會不斷重覆唸這個清單，想要把它硬塞進大腦，但其實這種死記硬背的方式，只會讓人對學習產生厭惡，而且常常覺得沮喪。試著把資訊像編碼一樣編進大腦，學習的效率就會大幅提升。現在我們就從沮喪中找樂趣（fun in FrUstratioN），全神貫注做下面這個練習，把資訊和物件連結起來。

　　我會用我家的 4 個房間作為 1 個旅程，示範如何使用這個記憶系統。在我的大腦裡，這 4 個房間就是 4 個間隔，可以用來儲存資訊，接下來我會讓你看看這些房間有哪些物件，然後再把資訊連結起來。

標記物件時要以簡潔清晰為原則，完成標記後，看再一次整個空間，確保每個間隔都條理分明，標記之間不能太擠，不然會混亂，也不能太遠，不然難以連結。

下圖是我家 4 個房間的圖示，房間裡標記起來的物件分別是：

1 號房間（廚房）：1.洗衣機 2.冰箱 3. 火爐
2 號房間（觀影室）：4.椅子 5.電視 6.腳踏車
3 號房間（臥室）：7.鏡子 8.衣櫃 9.睡床
4 號房間（浴室）：10.浴缸 11.淋浴器 12.馬桶

1 號房間（廚房）

洗衣機	
冰箱	火爐

2 號房間（觀影室）

椅子	
	腳踏車
電視	

3 號房間（臥室）

鏡子	
	睡床
衣櫃	

4 號房間（浴室）

浴缸	
	馬桶
沐浴器	

如果我給你 12 個東西，要你把它們放在我家的 12 個傢俱上，你有能力做到嗎？我很確定你可以，我們現在要做的，就是把抽象的資訊變成具體的東西，再把它們放在傢俱上。

　　我們先從廚房開始。

・第 **1** 個操練是「**態度**」，物件是「**洗衣機**」。想像 1 個態度很糟糕的人跳進你的洗衣機。把他關起來洗一洗吧！

・第 **2** 個操練是「**優先事務**」，物件是「**冰箱**」。想像你用擦不掉的馬克筆把所有優先事務大大的寫在冰箱門上。想像一下，這些字永遠都會留在門上，怎麼擦都擦不掉。

・第 **3** 個操練是「**健康**」，物件是「**火爐**」。想像有個壯男在做蘋果派，然後把蘋果派推進火爐，蘋果可以聯想到健康。

　　回想一下，洗衣機裡有什麼？冰箱門上？火爐中？

現在換到觀影室。

- **第 4 個操練是「家庭」，物件是「椅子」**。想像你全家的人都在站椅子上，跳來跳去。這麼荒誕奇怪的畫面，應該很容易記住。

- **第 5 個操練是「思考」，物件是「電視」**。想像電視上方出現 1 個思考泡泡，應該可以把「電視」和「思考」聯想起來。此外，電視也的確會影響我們思考。

- **第 6 個操練是「承諾」，物件是「腳踏車」**。想像自己在組裝（「combine」，與「承諾」的英文「commitment」音近）腳踏車，或者向自己許下承諾要每天騎腳踏車。

接著換到臥室。

- **第 7 個操練是「財務」，物件是「鏡子」**。想像很多鈔票從鏡子裡飛出來。或者這樣想：財務就像是面鏡子，可以反映你的生產力。

- 第 **8** 個操練是「**信念**」，物件是「**衣櫃**」。如果你有什麼象徵信念的東西，可以把它放在衣櫃裡。

- 第 **9** 個操練是「**關係**」，物件是「**床**」。這幅圖請你自行想像。

最後來到浴室。

- 第 **10** 個操練是「**慷慨**」，物件是「**浴缸**」。想像浴缸裡出現了 1 隻法力無邊的精靈，答應讓你所有的願望都成真，這樣的行為可以聯想到「慷慨」。

- 第 **11** 個操練是「**價值**」，物件是「**淋浴器**」。想像淋浴器是用純金造的。或者想像打開淋浴器後，黃金會湧出來，黃金象徵著「價值」。

- 第 **12** 個操練是「**成長**」，物件是「**馬桶**」。想像馬桶裡長出 1 棵樹。

現在來看看，你記不記得這 12 個操練？

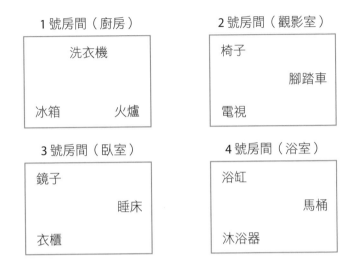

1 號房間（廚房）

洗衣機

冰箱　　　火爐

2 號房間（觀影室）

椅子

　　　　　腳踏車

電視

3 號房間（臥室）

鏡子

　　　　　睡床

衣櫃

4 號房間（浴室）

浴缸

　　　　　馬桶

沐浴器

　　都記住了吧！剛剛就是你的第一趟記憶旅程，繼續運用這個方法，你就快就會了解什麼叫做完美記憶。你現在已經記住了《贏在今天》的「12 操練」，記憶的過程就像在我家散步一樣輕鬆自在。只要資訊和物件的連結夠明確，這 12 個資訊就會存進你的大腦，只要再回想個幾遍，這些資訊就會更加深刻。如果你用自己熟悉的地方設計「旅程」，就會有更佳的效果，因為你會清楚知道每個物件的位置。

　　你也可以倒過來從浴室開始複習一遍，這樣記憶會更加深刻，只要代表資訊的圖像夠清晰，圖像和物件的連結夠明

確，旅程就會容易記憶。「旅途記憶法」的好處在於，你可以從宏觀的角度觀察整個畫面，也可聚焦注意個別資訊。而且，透過把資訊放進「旅程」，資訊就變得生動具體，自然容易記憶，正如章首所說，我們想些什麼，就會記得什麼，把資訊和如此熟悉的環境做連結，資訊自然會進入記憶。

現在思考一次剛剛記住的 12 操練，我建議你找時間看完整《贏在今天》，記住這 12 個領域的更多教導，並運用在生活中。

「旅程記憶法」展示了人類的記憶潛能。這個方法是所有記憶大師最常用的記憶法，它之所以效果這麼好，是因為它可以讓你創造上百個「旅程」，儲存上千個資訊。想一想有多少個你熟悉的空間，有多少個可以標記的物件，就可以知道這些資源實在是用之不竭。每個人都擅長記憶旅程，想想看你去過多少地方：博物館、學校、購物中心、各種建築物，這些地方都可以用來儲存資訊。只要確保是你熟悉的地方，而且裡面要有多個不同的物件就行。「旅程」沒有距離限制，你要設計再長的路線都可以，而且數目也沒有限制，你可以為不同的知識、學科各設計 1 個「旅程」。

這套記憶系統會徹底翻轉你的學習方式。你要做的很簡單，只要花點時間練習想像生動的畫面，把它們放在熟悉的「旅程」中，這樣的效果會比考試帶小抄、演講看提詞機還要顯著。熟悉的旅途就像是紙，腦中的圖像就像是筆，只要發揮一點想像力，大腦裡就像有白紙黑字寫著你要的資訊！

　　「旅程記憶法」可以用來記憶各種各樣的資訊。我用這個方法幫助過醫學院學生、飛機師、經理、商人等記住在專業上需要的知識，我自己也用它來記住了圓周率的前 10,000 個數字。朋友葉瑞財博士使用「旅程記憶法」把 1,774 頁的牛津字典一字不漏地記了起來。只要肯花時間，任何人都可以用這個方法記住龐大的資訊。有些人說：「我大腦沒那麼大的空間。」但如果我給你一個裝滿東西的手推車，要你在超級市場找個地方放下這堆東西，你會跟我說超市沒地方放嗎？當然不會！只要你用心看看，你就會發現無數可以儲存記憶的空間。這個方法沒有極限，除非你畫地自限！

　　記得要多練習，練習是精通這個方法的關鍵，你的收穫會超乎想像！

CHAPTER

連結資訊

「沒有一個記憶是獨立存在的。每個記憶都與好幾十個記憶有
關連,這幾十個記憶又各自與更多的記憶密切相連。」

——路易斯・拉摩(Louis L' Amour,美國西部小說家)

　　我們在前面幾章學會把資訊變得生動,並將它們存進長
期記憶。這章的重點是要教你把各個資訊連結起來,也就是
透過想像力、注意力來強化聯想事物的能力。大腦十分擅長
聯想,而且聯想的力量沒有極限。

　　我常常聽見別人說:「你是用聯想的方式來學習新東西
的?」但事實上,聯想是學習的唯一方法。學習就是把新資
訊連結到舊資訊,把你不懂的東西和已經了解的東西連結起
來,僅此而已。你知道的越多,就越容易連結到更多未知的
資訊。

我們現在就試用連結資訊的方法，記住 1 個名單。下面這個例子乍看起來很滑稽，但很快你就會明白這個滑稽故事的價值，讀這個故事時記得要運用「SEE」原則，在腦海裡看見一個個生動的畫面。

想像你正在洗罐頭（washing a tin），洗著洗著，罐頭突然長出了 1 顆喉結（Adams apple），有個廚師和她的兒子（a chef and her son）拿過罐頭，把喉結割了下來，用來研發藥物（medicine），然後把藥給了瑪莉蓮‧夢露（Marilyn Monroe），她喝下藥後也長出 1 顆大喉結（Adams apple），把麥可‧傑克森（Michael Jackson）嚇了一跳，傑克森為了避開她，跳上了一輛裝著啤酒的貨車（a van with beer in it），貨車的司機是個長滿毛的太陽（hairy sun），毛太陽一不小心，讓車子撞上了 1 個正在砌牆的砌磚工（tiler），牆上用的是圓點花紋磚（polka dot），後來有個裁縫師（tailor）來把磚頭上的圓點花紋割了下來，拿來做成 1 件圓點花紋裝。

現在整個故事從頭想一遍，如果有不記得的地方，再讀一遍，把連結再加強點，也可以試試能不能倒過來想一遍。

你剛剛記住的是前 12 個美國總統的名字，你可以繼續這

樣連結下去，把 44 個總統都記起來，如果想不起來，就加強名字之間的關連，讓連結更清晰。

前 12 個總統的名字和圖像的關連如下：

1. 洗罐頭（**Washing a tin**）- 華盛頓（**Washington**）
2. 喉結（**Adams** apple）- 亞當斯（**Adams**）
3. 廚師和她的兒子（A **chef** and **her son**）- 傑佛遜（**Jefferson**）
4. 藥物（**Medicine**）- 麥迪遜（**Madison**）
5. 瑪莉蓮·夢露（Marilyn **Monroe**）- 門羅（**Monroe**）
6. 喉結（**Adams** apple）- 亞當斯（**Adams**）
7. 麥可·傑克森（Michael **Jackson**）- 傑克遜（**Jackson**）
8. 裝著啤酒的貨車（A **van** with **beer in** it）- 范布倫（**Van Buren**）
9. 毛太陽（**Hairy sun**）- 哈里森（**Harrison**）
10. 鋪磚頭的工人（**Tiler**）- 泰勒（**Tyler**）
11. 圓點花紋（**Polk**a dot）- 波爾克（**Polk**）
12. 裁縫師（**Tailor**）- 泰勒（**Taylor**）

記起這個名單之後，來回反覆想幾次，確保沒有漏掉任何資訊。你也可以把這個名單當作「掛勾記憶法」中的「掛勾」，用來記憶其他資訊，比如把每個總統和他們的副總統連結起來，這和我們之前記憶國家首都的做法一樣。此外，你還可以把這些連結起來的資訊結合其他記憶系統一起運用，把資訊放進「汽車」、「身體」、「旅途」這些系統裡，多個記憶法融合運用，就可以記住上千個資訊！

　　連結資訊有很大的威力，因為連結的過程會用上大量的想像力和創意，與此同時，你對資訊的興趣和好奇心就會活躍起來，注意力也會處於高峰。在這個過程中，因為資訊之間有了關連，每個資訊都會讓你想起下一個資訊，而且大腦每次處理的資訊量只有兩個。你也可以用連結資訊的方法記住篇幅很長的文字資訊，只要把內容濃縮成關鍵字，再把關鍵字連結起來，變成有趣的故事就可以。不論是整個學期的教學內容、或是 1 本厚厚的書，都可以轉化成活潑生動的故事，只要發揮一下創意，就可以享受記憶的樂趣！

11

名字記憶法

「不論在哪個語言，一個人的名字對他而言，
都是最暖心、最悅耳的聲音。」

——戴爾‧卡內基（Dale Carnegie，美國著名人際關係學大師）

世界上沒有不會記名字的人，只有用錯方法記名字的人，在這一章，我會教你記憶名字的關鍵策略，讓你的名字記憶力從此不再一樣。向自己許下承諾，改變這個記不起名字的壞毛病吧，這樣的承諾會讓你免去很多尷尬場面，百利而無一害。

我在第 3 章提到過「自我應驗預言」的惡性循環，要脫離「想不起名字」這個循環，你要先丟掉種種自我設限的想法，想辦法實際改善問題，學會對人名感興趣，對記憶名字的方法感興趣。

如果現在有個人跟你說，只要你記住他的名字 1 個禮拜，就給你 100 萬美元，你有辦法記住他的名字嗎？當然可以！由此可見，你不是不會記名字，只是沒有動力而已！

接下來介紹的名字記憶法已經流傳了好幾個世紀，這些方法需要你以創新的方式思考，運用豐富的聯想力。有些人說他們試過透過聯想記名字，但效果不太好，那不過是他們沒有花時間練習而已。聯想力是所有記憶大師都會用的記憶策略，這個策略讓他們在半小時內輕易記住上百個人名。你只要運用相同的策略，也可以有同樣的成績；但如果你拒絕採取行動，記憶力自然毫無長進。

沒有經過訓練的記憶力並不可靠，很多人什麼都不做，卻僥倖希望聽過的名字就會記住，實在奇怪。下面介紹的方法一定可以改善你的名字記憶，試試看吧！

要記住名字，需要用上第 1 章提到過的 4 個 C：

1・專注（Concentrate）

你遇到跟自己名字相同的人時，是不是比較容易記得他

叫什麼名字？應該是，因為你對這個名字有興趣，常常聽見別人叫這個名字，所以這幾個字會引起你的注意，也就是說，這幾個字與你有關，對你意義重大。只要用同樣的心態對待新朋友的名字，就可以輕易記住他們的名字。

人們自我介紹時，常常很快地帶過名字，快得根本沒有人聽得見。我們應該嘗試改變這個現象，讓整個過程慢下來，當別人說出姓名時，打開耳朵專心聆聽，好像他要說什麼重大的事一樣。

奧利弗‧溫德爾‧霍姆斯（Oliver Wendel Holmes，美國著名法學家）說過：「要先懂得，才談得上記不記得。」同理，你要先聽懂別人的名字，才會有記不記得的問題，如果連聽都沒有聽清楚，就無從談起記憶。要先聽懂，才能記得。對方說出名字後，你可以唸一遍，跟他確認，這樣就可以加深記憶。如果你沒有聽清楚，就請對方再說一次，如果名字很特別，就請他告訴你是哪個字。

我們要學習對別人的名字感興趣。人們常常擔心自己不夠有趣，卻忽略了要對別人感興趣。如果你對別人感興趣，就會用心聆聽他的名字。試著從對方的角度去想這個名字的

意義有多重大，這樣，你就不只記住他的名字，還有可能贏得這個朋友。

2・創造（Create）

你要為名字創造一幅圖畫，才能在需要記起名字時，藉著圖像喚起記憶。你是不是很常聽人說：「我看過他的臉，但就是想不起名字。」但很少會有人說：「他的『模樣』就在我嘴邊，但就是說不出來。」我們記得別人的相貌，因為相貌在大腦裡形成了圖像，至於對方的名字，我們一直唸一直唸，卻始終無法讓大腦記住，原因很簡單，因為聲音和圖像就是兩碼子事，連不起來。而且，聲音記憶遠遠沒有視覺記憶那麼有效。

要記住名字，就要先把名字變成圖像。還記得我們記憶總統名字時是怎麼做的嗎？把名字變成具體生動的事物，藉由這些事物想起名字。

別人自我介紹時，如果你聽過就算，名字很快就會從記憶中消失，因為工作記憶（working memory）不會儲存資訊。記住名字需要用上短期記憶和長期記憶。你需要真的去想這

個名字，才有辦法記住，因為我們只會記得我們思考過的事情。

別人介紹自己的名字時，你只有大概 20 秒的時間進行聯想，如果你沒有在這段時間內記住名字，它就會從記憶中消失。在這 20 秒內賦予名字越多的意義和聯想，就越容易記得起來。

有些名字本身就很容易變成圖像，像是「貝克」（Baker，意思是烘焙師）、「克魯斯」（Cruise，意思是航行）、「加德納」（Gardner，與公園的英文「Garden」音近）。我姓賀斯里（Horseley），你可以想像成「馬」（horse）和「李小龍」（Bruce Lee），名字是凱文（Kevin），可以想像那是「塌下來」（cave in），這樣應該就可以記住我的名字。有些名字則沒有那麼容易想像，不過只要發揮一點創意，總會有辦法想出個意思來。

3・連結（Connect）

所有學習歷程都是把已知和未知的事物連接起來的過程。你記憶名字時，已經知道對方的樣子，所以是在把已經認得的臉孔和尚未記得的名字連起來。我們要讓臉孔成為誘

發點，讓我們一看見臉孔就想起名字。下面就來介紹幾個把臉孔變成誘發點的方法。

🧠 對比連結法

這個方法是把新朋友和你認識的人連結起來。舉個例，假設你碰到一個叫喬治（George）的新朋友。如果你想記住他的名字，你可以去想一個跟他同名的朋友，你認識其他叫喬治的朋友或名人嗎？喬治・克隆尼（George Clooney）總會認識吧？

接下來就去比較這兩個人的臉部特徵，這個喬治的頭髮是什麼顏色？另外那個喬治呢？這樣進行比較，你的注意力就會提高，能夠把兩個人的樣子連結起來。

你可以多比較兩個人的臉部特徵，越多進行比較，就越能把兩個臉孔連結起來，下次看到新朋友，自然能想起那個同名字的舊朋友，這樣就可以記得名字。真的就是這麼簡單，比較兩張臉，大腦就會記得為兩者產生連結。你也可以更進一步刺激大腦，想像這兩個名字相同的人都有兩顆頭，印象就會更加深刻！

我很喜歡這個方法，因為它一方面讓我記住新朋友的名字，同時也能鞏固我對舊朋友的名字記憶，只需要花個幾秒比較，就可以完全記起來。這個方法運用了連結短期和長期記憶的記憶原則：把新朋友的名字（短期記憶）和舊朋友的名字（長期記憶）連結起來。

有人問，如果沒有認識同名的人怎麼辦？那還有下面幾個方法可以用，選一個最適合你的。

🧠 特徵連結法

這個方法是將名字和臉孔中突出的特徵做連結。每張臉都是獨一無二的，都有異於他人的特徵。舉個例，如果你認識的新朋友是個有著藍眼睛的女生，你就可以用這個等徵來記住她的名字。假設她叫珍妮絲（Janice），你就可以想像一串冰項鍊（a chain of ice）在她的藍眼睛裡飛舞。以後每次看到她的藍眼睛，你就會想像冰項練，就會想起她叫珍妮絲。

再舉一個例子。假設你今天碰到個大鼻子的男生，叫彼得（Peter），名字可以聯想成「愛吃豌豆的人」（pea eater），再跟鼻子作連結，變成他的大鼻子愛吃豌豆，這樣就可以把

名字跟臉孔連起來。

但千萬不要告訴對方你把他的名字聯想成什麼，不然很可能會冒犯到對方。我有次認識了 1 位名叫海瑟（Hazel）的女生，她問我是怎麼記住她名字的，我竟然很老實地跟她說，我把她想成 1 顆榛果（Hazelnut），她聽見後有點不高興。人們都很重視自己的名字，把它看成是個人品牌，如果你拿他的名字開玩笑，他可笑不出來。

關於這個方法，有幾個比較常見的疑問：

「如果我要記住 4 個人的名字，但他們的特徵都是大鼻子怎麼辦？」

事實上，在你尋找對方臉部特徵的過程中，就已經仔細觀察過他的樣子，這是很多人在初次接觸別人時沒有做到的。所以，尋找臉部特徵真正的作用其實是提高注意力，將名字和相貌作連結。我自己就用這個方法在半小時內記住了 100 個名字，雖然 100 個人的突出特徵有不少是重覆的，但卻完全不會分不出來誰是誰。你可以上臉書好好練習一下，上面有幾百萬張臉孔供你練習。

「我可不可以把名字和衣服連結起來？」

可以，但也需要注意他的臉孔，因為人會換衣服，但不會換樣子。

「無法把名字變成圖像怎麼辦？」

你可以想像對方的額頭上寫著他的名字，記得畫面要夠鮮明，想像他額頭上的名字是用大紅筆寫的，記得創意是關鍵，只要你能設法在腦海裡「看見」他的名字，記得名字就和記得樣子一樣簡單。

地點連結法

我們通常都會記得與人初次見面的地點在哪裡，明明知道這人是在哪裡認識，卻想不起他的名字。

這個時候我們就可以把名字和地點做連結，假設你在宴會中碰到叫蘿絲（Rose）的女生，你可以問自己：「我會記得這裡的什麼？」如果是宴會的餐桌，就可以想像餐桌上有 1 朵紅玫瑰。以後你每次想到這個地方，就會想起她的名字。

4 · 持續運用（Continuous use）

　　如果要短期記得名字，只要照上面所說的，賦予意義、進行連結就可以，但如果要把名字變成長期記憶，就需要在生活中更多用到名字才行。

　　其中一個做法就是多提到這個名字。如果是個外文名字，你可以問對方他的名字有沒有什麼意思，怎麼拼。跟他對話時也可以多講他的名字，不斷使用，大腦就會漸漸把名字記起來。

　　你也可以自言自語問自己：「這個人叫什麼名字？」如果發現記憶不夠深刻，當下就可以加強連結，加深記憶。

　　還有一定要多複習。在手機或電腦裡開個檔案，把要記住的名字都存起來。在社交軟體上發交友邀請給這些人，這樣就可以常常看到他們的名字。不斷複習這些名字，讓它們進入長期記憶。複習的過程很簡單，只需要把名字寫下來，問問自己在哪裡認識這個人，有空就把寫下來的名單拿出來看看，這樣的話，你的大腦就能記得大量名字，再也不會碰到說不出名的的尷尬情況。

運用這些方法，你就可以在社交場合輕易記住數百個名字。上面提到的每一個方法的重點都是要提高你對別人的注意力，因為，當你注意別人，別人自然也會注意你。

12
CHAPTER

數字記憶法

「把幾個字母放在一起，它就變成有意義的字，傳遞了一幅圖、一種情緒，或是某個人物。但是如果把幾個數字放在一起，它也只是一個新的數字。」

——多明尼克・歐布萊恩（Dominic O'Brien，英國記憶大師）

數字已經成為生活中不可缺可的一部分，但卻從來沒有人教過我們如何記憶數字。沒錯，你可以不靠大腦，把數字「外包」給外在的工具處理，但如果你在職場上可以不依靠任何工具，快速陳述重要數據和事實，你就建立起可靠、專業的形象。當你可以記住大量數據和事實，你會對自己充滿自信，而且，這樣的訓練就像讓大腦健身，使記憶功能健壯起來。

如果有人唸出一堆無規則數字要別人記住，沒有受過訓練的正常人平均只能記住 7 個數字，如果要反方向唸出來，

只能記住 4 到 5 個，受過訓練的人就沒有這樣的限制。我可以在 20 秒內記住 50 個數字，給我 45 秒，可以記住 100 個。這個數量完全超過記憶廣度的平均值。

只要用對策略，每個人都可以有這樣的成績。重點是要持續練習這些策略，以發展記憶力為重要目標，終有一天，你也會擁有驚人的記憶力。

很多人以為把數字串多唸幾遍，就可以一輩子記住，這些人費了九牛二虎之力，卻始終未能如願。誠然，練習是很重要，但用對方法更重要，如果用錯方法，怎麼練都不會對。傳統的「數字形狀記憶法」（The Number Shape）可以幫我們記住數量不多的數字，但如果講到極致的數字記憶法，那一定不能錯過我接下來介紹的方法。

以下這兩串字哪個比較容易記得？

1. 美國總統候選人（American Presidential Candidates）
2. 34729401215721110

當然是「美國總統候選人」比較容易記，因為我們看得

懂它的意思，這個字串在腦海裡形成畫面，看完就記起來了。但那串數字看起來沒有意義，所以不好記。也就是說，要記住數字，你要先賦予它們意義。

記憶大師記數字的方法不一定全都一樣，但大多都是先將數字轉換成文字，再從文字轉換成圖像。

首先，我們把數字「扭轉」成英文字母，有了字母，自然就可以組成文字。雖然聽起來過程好像有點複雜，但只要記住數字和字母之間的轉換代碼，記憶數字就會不費吹灰之力。基本上，你一創造出代碼，就很容易記起來。你要做的只是持續運用它，就像在學習新語言一樣。而且，在練習的過程中，你還能同時運用到語言和數字兩種智能！

我們現在就來學習這套「數字代碼」（number code），希望你能耐心學完這套系統，很快你就會發現它的威力。在「數字代碼」系統中，母音「a」、「e」、「i」、「o」、「u」這 5 個字母沒有意義，「w」、「h」、「y」這 3 個字音也是，在系統裡你可以忽略這 8 個字母。

下面，看看每個數字所代表的字母：

0代表「**S**」或「**Z**」或「**C**」：0 的形狀就像車輪，與「S」、「Z」、「C」發出的「嘶」音相仿。

1代表「**T**」或「**D**」：

2代表「**N**」：

3 代表「**M**」：

這樣的話，番茄（TOMATOES）的代碼是什麼？

「T」是 1，母音「O」沒意義，「M」是 3，母音「A」沒意義，「T」是 1，母音「O」和「E」沒意義，「S」是 0。

所以代碼是 1310。

那數字 321 的英文代碼是什麼？

3 是「M」，2 是「N」，1 是「D」或「T」，所以是「MNT」或「MND」。如果選「MNT」，中間加母音「i」就會變成「薄荷」（mint）；如果選「MND」，中間加母音「e」就會變成「修補」（mend），又或者中間加母音「a」，最後加「y」，就會變成女生的名字「曼蒂」（Mandy）。

這有沒有很像在學一種新語言？

4 代表「R」：

5 代表「L」：

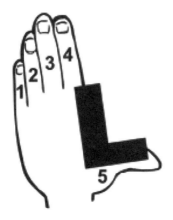

6 代表「**J**」（或者「**Sh**」、輕聲的「**Ch**」或輕聲的「**G**」）：

654 可以變成什麼字？

獄卒（Jailer）

7 代表「**K**」或「**C**」：

8 代表「**F**」或「**V**」：

f f 8

9 代表「**B**」或「**P**」，因為這兩個字母很像倒過來的 9：

b p

現在來測試一下：「洞穴」（cave）的數字代碼是什麼？

78。

98 可以變成什麼單字？

「牛肉」（Beef）

現在你就可以看懂，34729401215721110 其實就是：

「美國總統候選人」
aMeRiCaN PReSiDeNTiaL CaNDiDaTeS

看到了吧，用這個方法，多少數字你都記得住！

你可能會說：「這樣的話數字和字母都要記呢！」事實並非如此，其實這就像我們學認字的過程一樣，一開始要花時間認得代碼，會比較費力一點點，熟悉後就會變得輕而易舉。一講到 007，你就會想起詹姆士・龐德，學習代碼系統的目標就是對每個數字都養成這樣迅速的反應。資訊具體明確，就容易記憶，所以這個方法不是要增添你的記憶負擔，而是透過把數字變成具體實物，讓你能夠記住。

熟悉這套系統會花上一點時間，但只要上了手，就會終身受用。

下面我會列出我 1 到 100 的代碼，請注意，代碼的重點是聲音，不是拼寫。

01. 醬汁（**Sauce**）

02. 蘇打（**Soda**）

03. 太陽（**Sun**）

04. 游泳（**Swim**）

05. 先生（**Sir**）

06. 印章（**Seal**）

07. 腰帶（**Sash**）

08. 短襪（**Sock**）

09. 安全（**Safe**）

10. 肥皂（**Soap**）

1. 領帶（**Tie**）

2. 諾亞（**Noah**）

3. 媽媽（**Ma**）

4. 光線（**Ray**）

5. 法律（**Law**）

6. 下巴（**Jaw**）

7. 鑰匙（**Key**）

8. 敵人、不明飛行物體（**Foe, UFO**）

9. 蜜蜂（**Bee**）

10. 腳趾（**Toes**）

11. 爸爸（**Dad**）

12. 曬黑（**Tan**）

13. 水壩（**Dam**）

14. 鹿（**Deer**）

15. 尾巴（**Tail**）

16. 盤子（**Dish**）

17. 鴨子（**Duck**）

18. 白鴿（**Dove**）

19. 帶子（**Tape**）

20. 鼻子（**Nose**）

21. 網子（**Net**）

22. 修女（**Nun**）

23. 矮人（**Gnome**，G 不發音）

24. 尼祿（**Nero**）

25. 釘子（**Nail**）

26. 小吃（**Nosh**）

27. 脖子（**Neck**）

28. 海軍（**Navy**）

29. 午睡（**Nap**）

30. 老鼠（**Mouse**）

31. 草蓆（**Mat**）

32. 月亮（**Moon**）

33. 備忘錄（**Memo**）

34. 割草機（**Mower**）

35. 電郵（**Mail**）

36. 麥芽漿（**Mash**）

37. 馬克（**Mike**）

38. 黑手黨（**Mafia**）

39. 地圖（**Map**）

40. 玫瑰（**Rose**）

41. 老鼠（**Rat**）

42. 雨水（**Rain**）

43. 公羊（**Ram**）

44. 槳手（**Rower**）

45. 捲軸（**Reel**）

46. 草率（**Rash**）

47. 岩石（**Rock**）

48. 屋頂（**Roof**）

49. 長袍（**Robe**）

50. 少女（**Lassie**）

51. 女士（**Lady**）

52. 獅子（**Lion**）

53. 大轎車（**Limo**）

54. 貨車（**Lorry**）

55. 百合（**Lily**）

56. 過濾（**Leach**）

57. 上鎖（**Lock**）

58. 葉子（**Leaf**）

59. 嘴唇（**Lip**）

60. 象棋（**Chess**）

61. 噴射（**Jet**）

62. 鏈條（**Chain**）

63. 堵塞（**Jam**）

64. 椅子（**Chair**）

65. 監獄（**Jail**）

66. 恰恰（**Cha－Cha**）

67. 搖動（**Shake**）

68. 首領（**Chief**）

69. 吉普車（**Jeep**）

70. 箱子（**Case**）

71. 貓（**Cat**）

72. 罐頭（**Can**）

73. 梳子（**Comb**，b 不發音）

74. 車子（**Car**）

75. 木炭（**Coal**）

76. 現金（**Cash**）

77. 可樂（**Coke**）

78. 洞穴（**Cave**）

79. 計程車（**Cab**）

80. 面孔（**Face**）

81. 肥胖（**Fat**）

82. 風扇（**Fan**）

83. 泡沫（**Foam**）

84. 火（**Fire**）

85. 鋁箔（**Foil**）

86. 魚（**Fish**）

87. 偽造（**Fake**）

88. 狗吠（**Woof-woof**）

89. 美國聯邦調查局（**FBI**）

90. 公車（**Bus**）

91. 蝙蝠（**Bat**）

92. 麵包（**Bun**）

93. 流浪漢（**Bum**）

94. 熊（**Bear**）

95. 球（**Ball**）

96. 沙灘（**Beach**）

97. 背部（**Back**）

98. 牛肉（**Beef**）

99. 嬰兒（**Baby**）

100.雛菊（**Daisies**）

如果你不喜歡某些代碼，也可以自己創造新的代碼。

這個方法不只可以記數字，它還是個大型的「掛勾」記憶系統（見第 8 章「掛勾記憶法」）。

這個掛勾清單很好記，可以每天大概記 10 個。現在舉 3 個數字示範怎麼記憶。第一個是 10，1 是「t」，0 是「s」，補上母音「o」和「e」就可以組成「腳趾」（toes），記得腦海中要想像腳趾在蠕動。再來是 11，兩個 1 可以是兩個「d」，兩個「d」中間加母音「a」就是「父親」（dad），記得要有畫面！最後是 15，15 可以是「d」跟「l」或者是「t」跟「l」，「d」跟「l」可以組成「玩偶」（doll，注意，「ll」只有一個「l」音），我個人比較偏好用「t」跟「l」，組成「尾巴」（tail）。

記住代碼系統有很多好處。首先，它讓你多了 100 個掛

勾，可以輕易記憶 100 個資訊。而且，代碼記起來之後，記憶數字的能力就會大幅提高。當每個數字代表 1 個圖像，你就可以把各個圖像儲存到不同的記憶系統，車子、身體、房間等等，再多數字都記得住。

我用代碼系統來記住體育比賽結果、股票價格，還有其他與數字有關的重要資訊。此外，這個方法也可以用來記憶歷史事件的年份，我很喜歡記憶歷史年份，因為當每個事件發生的時間都記在腦海裡，我就能夠把不同事件連結起來。用這個記憶法的話，我能在 5 分鐘內記住 100 個年份。

我記憶歷史事件的例子如下：

◎1926 年，第 1 台電視誕生。

我只會記憶後面 3 個數字，因為我記憶的歷史事件絕大多數都在過去這 1,000 年內發生。926 轉換成代碼就是「擊打」（**Punch**），想像你打了電視一拳，它就開始運作。

◎1969 年，人類登陸月球。

969 可以轉換成「主教」（Bishop），想像主教在月球上玩。

◎1901 年，諾貝爾獎首次頒發。

901 可以轉換成「麵糰」（Pasta），想像第一面獎牌是用麵條做的。

◎1942 年，第一台電腦誕生。

942 可以轉換成「馬房」（Barn），想像 1 台長得很像馬房的電腦。

◎1801 年，第一艘潛艇建造完成。

801 可以轉換成「快速」（Fast），想像這艘潛艇開得非常快。

◎1784 年，美國發行第一份日報。

784 可以轉換成「魚子醬」（**Caviar**），想像整份報紙都是魚子醬。

這個記憶法是由斯坦尼斯勞斯・明克・馮・文斯欣（Stanislaus Mink von Wennshein，德國歷史學家）在 17 世紀時發明。正如前面說過，這個代碼系統需要花點時間熟悉，等你清楚整套代碼後，數字記憶就會大幅提高，記憶年份、數據毫無難度，讓你變成一部活字典。

CHAPTER

記憶的藝術

「要知道一個人對某件事的興趣有多大，看他記得多少就可以了。」

——菲利普・波塞特（Philip A. Bossert，美國哲學博士）

　　這一章的重點是教你把記憶變成藝術。本書的所有方法都有一個共通點，就是透過創造圖像、畫面加深記憶，因為越運用想像力，記憶就越深刻。

　　所謂的運用想像力，其實就是把資訊變成某種藝術，因為資訊一旦成為藝術，大腦就不會輕易忘記。

　　像我之前說過的，每個字都是由字母組成的圖像，字義產生圖像，圖像刺激記憶。如果圖像可以用立體的方式呈現，就會造成更大的視覺刺激，因為它看起來更真實。就算無法變成立體，你也可以在 Google 找圖案，用繪圖軟體把圖

案整合在一起，或者從雜誌剪出圖案，或只是簡單的塗鴉，增加資訊的動感。任何類型的藝術都可以促進記憶，除了把資訊畫下來，你也可以把它雕塑出來，甚至是演出來。重點都是用想像力加深記憶，讓你對資訊更加熟悉。

用 Google 圖像製造「記憶圖」（memory diagram）。把所有圖像貼在一個 Word 或 PowerPoint 檔上，常常點開複習，每次觀看「記憶圖」，對資訊的印象就會加深，現在我舉兩個例子說明一下。

下頁兩張圖不是什麼專業製作的圖案，只是把很多從 Google 搜尋來的圖案貼在一起而已。

看到這些圖像，你會聯想到些什麼內容？如果你能夠把這些圖像拼湊成一個故事，資訊之間的關係就會更強。請記得，越多的思考和連結，記憶就會越深刻。

下面這個「記憶圖」，代表了 12 對腦神經的名字：

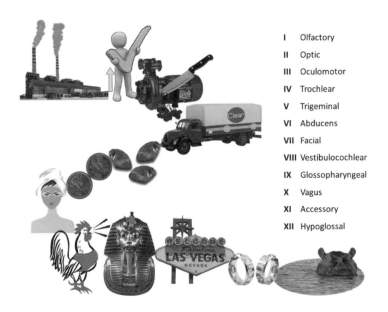

I	Olfactory
II	Optic
III	Oculomotor
IV	Trochlear
V	Trigeminal
VI	Abducens
VII	Facial
VIII	Vestibulocochlear
IX	Glossopharyngeal
X	Vagus
XI	Accessory
XII	Hypoglossal

- 第 1 個圖是個**老工廠**（old factory），發音與**嗅神經**（Olfactory）相近。

- 第 2 個圖中有個人**拿起勾號**（pick up a tick），發音與**視神經**（Optic）相近。

- 第 3 個圖是 1 把刀在馬達上，所以是**殺人馬達**（a killer motor），發音與**動眼神經**（oculomotor）相近。

- 第 4 個圖是 1 輛**貨車**（truck），上面寫著「**清除**」（clear），發音與**滑車神經**（Trochlear）相近。

- 第 5 個圖是 **3 顆寶石**（three gems），發音與**三叉神經**（Trigeminal）相近。

- 第 6 個圖是**兩分錢**（two cents），發音與**外展神經**（Abducens）相近。

- 第 7 個圖是個在做**美容**（facial）的女生，發音與**顏面神經**（Facial）一樣。

- 第 8 個圖是**穿著背心的母雞**（vest being worn by a cock），發音與**位聽神經**（Vestibulocochlear）相近。

- 第 9 個圖是**法老臉上擦口紅**（Pharaoh has red lip gloss），發音與**舌咽神經**（Glossopharyngeal）相近。

- 第 10 個圖是**拉斯維加斯**（Las Vegas），發音與**迷走神經**（Vagus）相近。

・第 11 個圖是耳環，耳環是**裝飾品（Accessory）**，發音與**副神經（Accessory）**一樣。

・第 12 個圖是**河馬擦口紅（hippo with red lip gloss）**，發音與**舌下神經（Hypoglossal）**相近。

這 12 個圖像對應到 12 對腦神經，把這些圖像記起來，思考它們與資訊的關連，就可以記住這 12 對腦神經。

下面這個例子是元素週期表上的前 10 個元素：

・首先是個亮眼的黃**消防栓（fire hydrant）**，消防栓與**氫（Hydrogen）**發音相近。

· 消防栓上綁著幾個**氦氣球**（**helium-filled balloons**），氦氣球與**氦**（**Helium**）有相同的字。

· 氣球碰到 1 個很亮的**燈泡**（**light bulb**），亮燈泡與**鋰**（**Lithium**）發音相近。

· 燈泡照著幾顆**莓果**（**berry**），莓果與**鈹**（**Beryllium**）發音相近。

· 莓果被**野豬**（**boar**）吃掉，野豬與**硼**（**Boron**）的發音相近。

· 後面有台車子撞上野豬，**車上有顆大麵包**（**car with a bun**），與**碳**（**Carbon**）發音相近。

· 車旁有個**武士**（**knight**），武士與**氮**（**Nitrogen**）發音相近。

· 武士拿著個**潛水用的氧氣瓶**（**oxygen tank**），氧氣瓶與**氧**（**Oxygen**）有相同的字。

- 武士把氧氣瓶交給**感冒的女生**（flu woman），感冒的女生與**氟**（Fluorine）發音相近。

- 感冒的女生身後有 1 塊**霓虹燈廣告牌**（neon sign），霓虹燈與**氖**（Neon）發音相同。

再看一次整幅圖，加深圖像之間的關連，就可以記住這 10 個元素。如果你想把整個元素週期表記起來，可以照上面的做法，為每個元素創造圖像，繼續連結下去。

你也可以用記憶圖教小孩學會拼字。舉例如下：

生意（Business）

甜點（dessert）的英文有兩個 s

記憶圖也是個分辨近音字的好方法：

他的耳朵（ear）裡有顆梨子（pear）。

這雙鞋子（the pair of shoes）漂浮在空中（air）。

　　不論是什麼類型的資訊，都可以轉化成圖畫、相片，或雕塑，花點工夫把資訊變成藝術，你就可以在腦海裡清楚地「看見」它。用藝術來記憶，讓記憶變成樂趣。接下來，我要介紹另一種激發大腦想像力的記憶和學習方法。

心智圖（**Mind Mapping**，由東尼‧博贊所創）

「記憶系統的運作非常迅速有效，以致我們很少注意到它的運作過程。」

——丹尼爾‧威林厄姆（Daniel T. Willingham，美國心理學教授）

如果你想要了解自己的大腦和記憶如何運作，畫心智圖就是個絕佳的方法。當你把心智圖變成生活中常用的工具，你的思考模式也會因而改變。它是整理資訊的好工具，讓人把思考過程呈現在紙上，從而激發出更多新的想法。

心智圖由東尼‧博贊發明。博贊的著作超過 80 本，他在 1970 年代發明了這個思考工具，至今風靡全球，成為世界各地爭相學習的思考法。

博贊稱心智圖為「大腦瑞士刀」（Swiss army knife for the brain），它不只是增強記憶的工具，更是改善思考的利器。心智圖可以用來記憶、學習、報告、溝通、組織、計劃、會議及談判等各個領域中。

心智圖就是透過紙、筆把心中的想法呈現出來，易學易用。只要花點時間練習，很快你就會發現畫心智圖的種種趣味，而且你的學習方式會從此不再一樣。心智圖是整理資訊的好工具，讓你能同時看見大藍圖和小細節，靈活性遠非傳統的條列式筆記法可以比擬。

要畫出好的心智圖，你只需要 3 樣東西：

1. 大腦
2. 1 張大白紙
3. 很多色筆和鉛筆

最有效的心智圖教學就是畫 1 個作示範，所以我現在會以本書介紹的各個記憶法為素材，畫出心智圖。

開始時，先在白紙中央畫 1 個圖案，作為心智圖的核心主題。所以在這個示範中，這個核心圖案就是「記憶法」。我之所以畫圖而不只是寫字，是因為圖像能刺激記憶。

第一步：

第二步：

有了核心圖案後，就要畫出枝幹（branches），並給各個
枝幹定標題。在這個例子中，枝幹的標題就是各個記憶法。

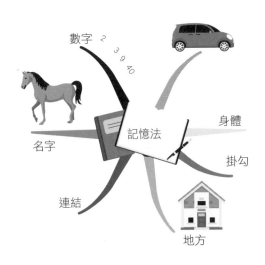

第三步：

有了主要枝幹後，就可以進一步延伸到第二層、第三層的枝幹，作更詳細的分類和說明。

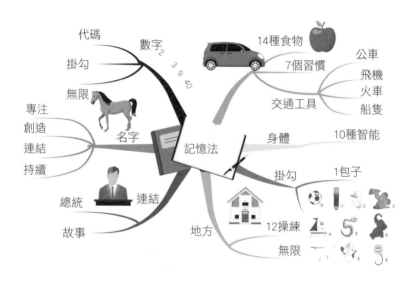

現有的枝幹下還能分出新的小枝幹，作進一步的分類或說明細節，讓大腦可以繼續發揮聯想力。記得每個枝幹只要用 1 個字說明，而且畫心智圖的過程中記得要多畫圖案，讓畫面更生動。每個大枝幹要用不同顏色，好分辨不同的枝幹和內容。其實，心智圖沒有真正畫完的一天，因為你總會聯想到新的資訊，繼續延伸下去。

畫心智圖是個有趣的過程，過程中大腦會不斷發揮創意。持續用心思圖進行思考，思考方式會進入新的層次，創造力、策劃力、記憶力和觀察力都會大大提高。這個思考工具可應用在各個領域中，用來整理大量資訊，提高溝通素質。

　　下圖是我就《高效能人士的 7 個習慣》做的心智圖：

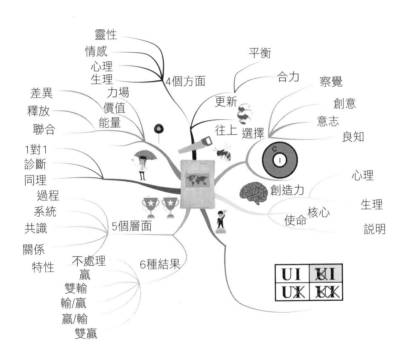

每個大枝幹都代表 1 個習慣，這些習慣可以在第 6 章「汽車記憶法」裡面找到。以上這個心智圖已經濃縮了整本《成功人士的 7 個高效能習慣》的內容。

　　這個心智圖是用軟體「iMindMap」設計的。市面上有很多心智圖應用程式，但沒有幾個跟「iMindMap」一樣方便好用，我建議你也用這個軟體畫心智圖，你一定會有很多意外收穫。

14
CHAPTER

記憶的運用

「成功毫不神奇，也不神祕，
它是持續練習基本功的必然結果。」

——吉米·羅恩

現在你已經學會各種記憶法的基本原理，記憶任何資訊時都可以派上用場。運用這些原理去記憶資訊時，記得要有創意，因為發揮創意會讓你投入其中，使資訊成為生命中的一部分，自能更容易記住。

接下來這一章，我會示範如何把這些方法稍作調整，好記憶各種類型的資訊。我會針對逐字記憶、講稿記憶、心不在焉的問題、撲克牌記憶，還有其他的領域逐一說明。

1‧逐字記憶

「記憶是每個人都帶在身上的日記。」

—— 奧斯卡‧王爾德（Oscar Wilde，愛爾蘭作家、詩人、劇作家）

　　以下介紹的是我記憶文字資訊的方法，如果你運用這個方法，以後記憶文字時會容易得多。它可以幫你記憶名言、詩詞、定義或是宗教書籍的經文。

　　逐字逐句的記憶會讓你在報告、會議或討論中大大加分。此外，在生活中，牢記於心的字句往往能在關鍵時刻帶來靈感。準備考試時，記得重要定義更是十分重要的技能。

　　至於背誦詩句，本身就是個訓練大腦、提高表達力的好方法。而宗教典籍的經文很多都是人生教導，信徒如果記得內容，自然更容易活出教導。

　　以下，我們以愛默生（Ralph Waldo Emerson，美國著名文學家）的短文〈成功〉（Success）為例，說明如何記憶文字。第一步是要找出可以連結全文內容的關鍵字。以下的粗體字是我選的關鍵字：

常常歡笑，努力贏得有識之士的尊重和孩童的敬愛；

獲得正直評論家的欣賞，忍受虛偽朋友的出賣，

在週遭的事物中發現美，在每個人身上看見善，

努力讓世界變得好一點點：你可以照顧一個孩子，

種好一塊土地，或改善一個家庭，

只要有人因為你的存在而過得好一點點，這就是成功。

原文：

To **laugh often** and much; to win the respect of **intelligent people** and the **affection of children**; to earn the **appreciation of honest critics** and endure the **betrayal of false friends**; to appreciate **beauty**, to find the **best in others**; to **leave the world** a bit better, whether by a **healthy child**, a **garden patch** or a redeemed **social condition**; to know even one life has **breathed easier** because you have lived. This is to have succeeded.

　　找到關鍵字後，下一步就是把關鍵字變成圖像，再把圖像放進其中一個記憶系統。記得：你的想像力是筆，記憶系統是紙。你可以選擇旅程、身體、車子或其他儲存在長期記憶內的系統。選好系統後，你還可以把所有關鍵字連起來，

像我們之前記美國總統名字那樣。我現在來作簡單示範：我會用 1 棵樹來儲存關鍵字，因為樹象徵成長，而且每個人都知道樹長什麼樣子，樹的形狀在每個人的長期記憶裡。

想像樹根在**大笑**，有幾個**有識之士**坐在樹下，一群小孩抱著樹幹（**小孩的敬愛**），樹枝上有幾個**評論家**。這樣就把前幾個關鍵字連結起來，複習幾遍就可以記住。

你可以把其他關鍵字用樹葉、樹根、果實或種樹的地點連結起來。所有關鍵字都各就各位後，把整篇內容從頭到尾讀幾遍。因為你已經記住關鍵字，關鍵字會把其他文字連起來，而且你的語言能力會自動幫你記得文法的順序。如果你想像的畫面夠生動，就更容易記憶。

我已故的朋友克萊頓·卡夫羅（Creighton Carvello，英國記憶大師）把海明威（Ernest Hemingway）整本《老人與海》（*The Old Man and the Sea*）一字不漏地記了起來。也就是說，如果你問他第 8 頁的第 15 行第 6 個字是什麼，他可以回答得出來。他不是用死記硬背的方式背誦，而是用類似我剛剛介紹的記憶法。

和其他的技能一樣，這個方法需要花時間練習。只要用得熟練，你就可以輕易記住職場或生活中的重要文字資訊。這個方法也幫助過很多演員記住台詞，台詞牢記於心，演起來就更能投入，演出就更加自然。

2·講稿記憶

「大腦是個很棒的器官，它從你出生那天就開始運作，不曾停止，直到你要上台演講的那一刻。」

——喬治·傑塞爾（George Jessel，美國演員）

如果你在台下聽報告，台上的人一味低頭看著小抄，一字一句地唸出講稿內容，你會享受其中嗎？一定不會！你會希望在台上看到一個能跟觀眾互動、有眼神接觸、溝通自然的人。

所有演講都有一個共同目的，就是讓聽眾理解訊息，相信這個訊息，並且付諸行動。如果演講者自己都不記得他要講的內容，還怎能期待聽眾記得？如果聽眾不記得，又如何相信？如果無從相信，又怎能付諸行動？

很多人都害怕公開演說，我想怕忘稿是主要原因之一。有人說害怕自己會「腦海一片空白」，本書前面教的幾個方法都可以解決這個問題，把記憶法實踐出來，演講時大腦就不會一片空白！

我在過去 15 年間到處演講，從來不曾擔心過忘詞的問題。在記憶法的幫助下，講稿內容總會靜靜地待在腦海，不會消失。準備好的笑話、投影片內容、研究數據、別人的回饋，這一切一切我都可以記得。回答完別人的問題後，我還可以馬上回去講剛剛講到一半的地方。演講時如果能夠這麼熟悉內容，就會看起來充滿自信，令人信服。所以，記憶力是演講的重要關鍵。

本書前面介紹的記憶法都可以有效減低忘詞的恐懼。把演講內容放在腦袋，不要放在小抄，因為不帶小抄會讓你看起來更專業。用記憶法記住演講，就像是在自己面前架了台隱形的提詞機。而且在你大腦出現的不只是一字一句的講稿，你還可以看見整個講稿的大架構。

無法打動聽眾的講稿一定算不上好講稿。優秀的演講者都很清楚：聽眾比較會記得演講的開場和結尾。所以他們會

讓開場和結尾特別有感染力，用故事、問題、名言、重要數據來開始演講，而且會不斷讓聽眾和演講內容產生連結，不斷重覆重點，讓聽眾容易記住。準備演講時，你可以運用「講台原則」（FLOOR principle）來設計：

F：第一件事（First things）
L：最後的事（Last things）
O：重要資訊（Outstanding information）
O：進行連結（Own links）
R：重複資訊（Repeated information）

這個原則會讓演講更有吸引力，讓聽眾更容易記得內容。演講架構清晰，內容就有力量和說服力，這樣的演講自然能夠打動觀眾。

3・心不在焉

「你是丟了東西呢還是丟了腦袋呢？」

——無名氏

你有沒有過類似這樣的經驗：你在房間閒閒沒事做，突

然想弄雞翅當晚餐，但當走到廚房時，卻已經忘記自己要找什麼，只好打開冰箱，希望看到要找的食物，就可以想起來？你有沒有試過停好車子後，回來要找卻找不到它在哪裡？你又有沒有試過，不確定今天到底吃維他命了沒有？還有，有時候車鑰匙怎麼找都找不到，不是很討厭嗎？

如果你有過這樣的經歷，別擔心，你是個正常人。這些事情之所以會發生，是因為有些生活事件我們太熟悉了，太熟悉導致不專注，不專注導致遺忘。我們的生活有時候處於「自動導航」（Autopilot）的狀態，在這個狀態下，我們並沒有留神注意自己在做什麼事。不過，值得慶幸的是，生活中95％的時間我們都不會這麼心不在焉。大多情況下，我們還是會記得車鑰匙放在哪裡，車子停在哪裡，也不會糊塗到把褲子放進冰箱，我們只會在5％的情況下犯錯。不過儘管如此，人們還是懊惱不已。問題是，如果我們一直放大心不在焉的問題，就只會讓它加倍影響我們的生活。**試著發現自己記憶力表現不錯的時候，記憶力就會朝正面的方向發展。**

有人算過，人們平均每年花了40天的時間努力想起自己忘記的事情。現代人常常需要同時接收多方訊息：電話、互聯網、電台、電視，結果導致人們變得容易晃神。我們活在

具有先進科技的時代，理應比以前的人輕鬆自在才是，但我們卻變得更忙碌，壓力更大。大腦也開始跟著打結，放下了東西找不回來，見過的人叫不出名字。我們參加許多活動，滿腦子都是待辦事項，什麼都想參一腳，難怪我們心不在焉，無法專法。如果你想找藉口合理化心不在焉的問題，也於事無補。

怎樣才能解決這個問題？答案就是「活在當下」，尤其在當你要把東西放在某個地方的時候，注意自己在做什麼。你可以問自己：「我什麼時候會需要再用到它呢？」或者跟自己說：「我現在把鑰匙放在桌子上。」甚至可以誇張一點，想像鑰匙在桌子上爆炸，嘗試用不同的方法，讓自己專注於當下。只要對東西多一點責任感，提高警覺，就不會忘東忘西。

第 4 章講過活在當下的重要性。當你開始學習一次做 1 件事，而不是一次做 100 件，你就會變得專注。今天就採取行動吧，把雜訊除掉，整理思緒，用紙筆幫助自己思考。布魯斯‧斯特林（Bruce Sterling，美國科幻小說家）說過：「凌亂是懶惰的藉口，只是說得好聽一點罷了。」把東西放在固定的地方，或用記憶法記住放在哪裡，就可以省下很多找東西的時間。

幫自己一把吧，別再老是抱怨自己心不在焉。我知道你很不滿，但光是抱怨並不能解決問題。你應該做的是下定決心，專注於此時此刻，發現當下的力量。

4 · 撲克牌記憶

沒有記憶法的幫助下，平均每個人要花 30 分鐘記住半副撲克牌，因為他們不知道怎麼留住記憶，所以看過就忘，對於存留在大腦某處的記憶，他們懵然不知。只要學會以下這個方法，你就可以在幾分鐘內記住整副撲克牌，我個人的紀錄是 45 秒記起 1 副，只要多加練習，你也可以做得到。

記憶撲克牌有很多好處。首先，它是訓練記憶力的好方法，而且這個技能會讓你在玩 21 點和橋牌時大有優勢。此外，學會記牌，就是你有強大記憶的最佳證明。

看完前面幾章的記憶法，你現在應該知道讓資訊活起來有多重要。那麼，怎麼樣才能讓撲克牌的資訊活起來呢？首先，為每張牌創造 1 個圖像，讓你可以在五十幾張牌中看見每一張牌的獨特身份，這樣才能把牌放進長期記憶。你可以把每張牌聯想成不同的人，譬如說把所有方塊聯想成名人，

把紅心聯想成家人，把黑桃聯想成同事，把梅花聯想成朋友，這是其中一個分類方式。

這個方法需要用到第 12 章教的代碼系統，原理和數字記憶相同。不過在這個系統中，代碼的第一個字母代表撲克牌的花色。以方塊 3 為例，方塊（Diamond）是「D」，3 是「M」，隨機加上母音 a 就成了「水壩」（Dam）。在這個代碼系統中，方塊（Diamond）以「D」表示，愛心（Heart）以「H」表示，黑桃（Spade）以「S」表示，梅花（Club）以「C」表示。

我給 52 張牌的代碼如下：

🧠 方塊

1- 約會（Date）

2- 丹（Da**n**）

3- 水壩（Da**m**）

4- 大門（Do**or**）

5- 交易（Dea**l**）

6- 盤子（Di**sh**）

7- 鴨子（Du**ck**）

8- 鴿子（Dove）

9- 深入（Dee**p**）

10-骰子（Dice，10 裡面有 0，所以是 c 音）

J- 方塊（以「傑克」代表整個花色）

Q-院長（Dean，和 Queen 押韻）

K- 鐘聲（Ding，和 king 押韻）

🧠 紅心

1- 帽子（Ha**t**）

2- 母雞（He**n**）

3- 火腿（Ha**m**）

4- 頭髮（Hai**r**）

5- 歡呼（Hai**l**）

6- 洋芋泥（Ha**sh**）

7- 盜取（Hac**k**）

8- 蹄（Hoo**f**）

9- 鐵環（Hoo**p**）

10-房屋（Hou**s**e）

J- 紅心（以「傑克」代表整個花色）

Q- 你心中的皇后（像是黛安娜王妃）

K- 鉸鏈（Hinge，和 King 押韻）

🧠 **黑桃**

1- 坐下（Sit）

2- 太陽（Sun）

3- 山姆（Sam）

4- 先生（Sir）

5- 印章（Seal）

6- 腰帶（Sash）

7- 袋子（Sack）

8- 安全（Safe）

9- 肥皂（Soap）

10-大海（Seas）

J- 黑桃（以「傑克」代表整個花色）

Q- 蒸汽（Steam，和 queen 押韻）

K- 唱歌（Sing，和 king 押韻）

🧠 **梅花**

1- 貓（Cat）

2- 罐頭（Can）

3- 偽裝（Camo，全寫是 camouflage）

4- 車子（Car）

5- 煤塊（Coal）

6- 現金（Cash）

7- 蛋糕（Cake）

8- 咖啡（Cafe）

9- 帽子（Cap）

10-箱子（Case）

J- 梅花（以「傑克」代表整個花色）

Q- 奶油（Cream，和 Queen 押韻）

K- 國王（King）

現在來練習一下：想像**國王（King）**把**大門（Door）**撞破，走進**屋子（House）**，他在冰箱裡拿出**火腿（Ham）**和**鴨肉（Duck）**。這樣你就記住了 5 張牌：梅花 K，方塊 4，紅心 10，紅心 3 和方塊 7，很簡單吧！

為每張牌創造圖像後，下一步就是記住這些圖像。你要花點時間練習，要熟悉到一看見牌就想到它所代表的圖像，久而久之，這就會變成自然反應。

然後你只需要想像一趟旅程，把這 52 個圖像放進 52 個

地方，或者讓 52 個圖像彼此連結，就可以記住整疊撲克牌，這不是什麼騙人的技倆，只是很基礎的記憶技巧，讓你發掘出大腦的記憶潛能。

記牌就像健身，越常練習效果就會越好，而且，記牌也是個練習記憶技巧的好方法。我知道很多人不會花時間去掌握這門技能，但至少你現在知道原理。而且這個過程也讓你看見，代碼、圖像這些記憶技巧可以用來攻破各種各樣的記憶難關。

5·學習任何事物

「如果無法想起學過的東西，學習新知就毫無意義。因此，所有可以提高記憶力的工具，都是促進學習的工具。」

——理查·瑞斯塔（Richard Restak，美國神經科學家）

無論學習什麼都需要記憶力。只要增強記憶力，學習能力就會隨之而改善。所有課程都總有些需要記憶的理論或資訊。越早記住這些理論，就能越早加以應用。在大學課程中，很多大一、大二的課都需要學生記住很多資訊，如果養成強大的記憶力，面對這些課程時就會迎刃而解。

不論學習什麼內容，都應該注意以下幾件事。第一，不要只為了通過考試而學。如果考試考得好，但兩個禮拜後就忘光學過的內容，這樣到底有什麼意義？學習是持續進行的過程，不應該以考試為終點。

我見過的高材生都有自己的學習計劃，他們定期複習內容，日積月累，考試前不會有太大壓力，因為要準備的他們早就準備好了。而成績不盡如人意的學生，則都是在考試前一晚靠喝能量飲料熬夜通宵，希望一個晚上就能記住所有內容。由此可見，你應該把教學內容分成多個部分，定期準備，慢慢吸收。

學習新事物時，要確保自己有 PIC：目的（Purpose）、興趣（Interest）、好奇心（Curiosity），複習第 4 章就可以更了解 PIC 的內容。對目標抱有憧憬，會大大提高你學習的意願和能量。

學習的過程中要記得休息，因為大腦持續專注一段時間後，效率就會降低，精神變得緊繃。休息一下再重新開始，狀態才能恢復，重新處於有效率的狀態。每 35 到 40 分鐘就休息 1 次，外出走走或是做點別的事，讓大腦放空一下。

開始時，先瀏覽過所有要學習的內容，把所有要記憶的地方標起來。每門學問都有些不斷出現的重要概念，你應該把這些概念轉化成圖像，而且要建立圖像庫，這樣就不需要為同樣的概念重複創造圖像。然後再選定 1 個記憶系統（像是車子、身體、旅程），把內容分成好幾部分，放進系統的不同位置。完成後，就從頭到尾複習幾次，確保每個資訊都儲存在系統裡。我有幾個學生把整個購物中心當作儲存空間，記起整門課的內容。多使用本書介紹的記憶法，你就再也不會碰到想不起重要資訊的窘態。

無論你要學習什麼學科或技能，這些記憶法都會幫得上忙，加速記憶資訊。我幫助過上千個大、中學生記憶學業內容，也幫過醫學生、法學生、機師、護士、醫生、礦工、鳥類專家、行銷人員、工程師記憶資訊，直到如今，我還沒有碰到過無法從這些方法獲益的行業。這些記憶法的運用層面很廣，沒有極限，唯一的限制就是你給自己找來的藉口，像是「我沒有創意」，「我無法想像出畫面」這種，每次我聽到這些話，在我看來他們只是在說「我很懶，不想花工夫去學。」你可以這樣做，結果就是人生會如你所說的，充滿限制。

持續使用

「習慣這種東西，一開始只是個不經意的動作。只是當經過不斷的反覆練習，這個動作就漸漸從蜘蛛網變成鋼索，對我們的生活造成巨大的影響。」

——丹尼斯‧威特利（Denis Waitley，美國勵志演說家）

15
CHAPTER

成功的基石：自律

「每個人都喜歡贏得比賽，但誰喜歡訓練的過程？」

——馬克·史必茲（Mark Spitz，美國游泳運動員，在 1972 年奧運中獲得 7 面金牌）

世界上從來沒有出現過不自律的世界冠軍，成就和付出的關係永遠都是正相關。要在一個領域有所成就，就要付上數千個日子的艱辛練習。人們常常說：「某某很有天份」，但他們沒有注意那些人付多了多少。如果你想將這些記憶法運用到極致，或是在任何領域上取得成就，自律都是必要條件。自律不是自我剝削，而是自我要求，讓自己百尺竿頭，更進一步。

很多人覺得有些事情會像魔術一樣，在生命中突然出現。想想看，有些人想要潔白的牙齒，卻不用牙線。買牙線很貴嗎？用牙線很花時間嗎？還是很難用？通通都不是，但

他們就是不用。如果連這麼簡單的習慣都無法培養，還能期待生命有什麼重大改變？

我之前在 CNN 網站上看到一篇文章指出：「超過 59％的青光眼患者常常不點眼藥水，這樣的行為可能導致失明。」如果你有青光眼卻不自律定期點眼藥水，是有可能瞎掉的！那為什麼還是會有人不點呢？

人們常常什麼都不做，就覺得明天會比今天好，但他們卻沒有做什麼，讓明天變得更好。

你想要什麼？而你每天在做些什麼？如果你每天在做的事沒有讓你漸漸接近你的目標，你就永遠都不會得到達到目標。這不是常識嗎？

問題不是在你的目標，而是在於你無法自律地走在通往目標的路上。有 4 個方法可以讓你變得自律：

1・想像未來

願景和能量是緊密相連的，如果你早上醒來，滿腦子只

想到今天有可能會發生的壞事，你就會渾身乏力。如果你起床後想到的是值得期待的種種，就會精神飽滿。專注力在哪裡，能量就在哪裡。

大衛・坎貝爾（David Campbell，澳洲歌手）說：「自律就是記得自己的目標。」越清楚做某件事的目標，想像的畫面會越清楚，你就越有力量達成。藉口多多，漫無目的，就會無力開始；摒除藉口，目的清晰，就會邁步向前，因為你有足夠的動機，而動機會變成前進的動力。常常問自己：「你有多想達成這個目標？」如果你真的非常渴望，自然就會有清楚的願景，讓你自律地往前邁進。

2・下定決心

如果不做下決定，生命不會自動迎來改變。你需要狠狠地下定決心，改變現狀，向自己承諾，讓自律主導你的生活。

如果你期待生命中發生某件事情，你的時間表就應該給它預留位置，每天做點什麼，讓它成真。做下決定，讓每天的努力成為你生命中的一部分。

3・別被心情左右

阿爾伯特・哈伯德（Elbert Hubbard，美國作家）說：「自律的意思是，在應該做一件事時，有能力要求自己去做，而不是讓心情主導。」很多人準備工作時會說：「明天再來做吧」，這時他們的思考已經進入迴圈：「現在不做沒關係，因為可以明天再來做。」到了明天，他們會再把責任推給下一個明天。有些人會落入另一種迴圈：「我現在心情不好，等好過來再做。」這些自我放任的想法和聲音會把你牽著走，讓你遠離目標。做自己情緒的主人，管好大腦裡的想法和聲音。

又有人會說：「我當然會聆聽內在的聲音，因為那是直覺，直覺會引導我。」的確，有些時候聽直覺並沒有問題，像是開車時到底要不要超過前面的貨車，或是進電梯時看到怪人，要不要等下一班，這些時候你可以聽從直覺。但如果是要學習自律，直覺只會礙事。你決定要用牙線的話，不用問直覺，用就對了；你決定要定期運動的話，不用看心情如何，做就對了。威廉・詹姆士（William James，美國哲學家及心理學家）說：「越自我掙扎，就越會拖延時間，越不可能採取行動。」練習記憶也是這樣，在時間表內劃出一個時間，每天練習，心情好也練習，心情不好也練習。

4・每天行動

　　如果你想把某個行為、某件事變成習慣，唯一的方法就是每天都做這件事。同樣，新學會的技能，需要不斷複習才能精熟，才能更上一層樓。很多研究指出，培養習慣需要 21 天，但依我個人的經驗，應該需要更久的時間。有些人因為相信 21 天的說法，認為時間一到，習慣就會形成，於是 21 天後就開始懶散，這樣想也知道不會成功。自律是要你每天都做決定，決定今天是全新的一天，要重新努力。你不需要承諾一輩子不斷練習，只要承諾今天要努力做好。

　　我相信生命不會獎賞懶惰的人。如果你躺在床上一個禮拜，很多肌肉就會消失。大腦也跟身體其他部位一樣，多用才會發展，不用就會衰退。唯有自律能讓你進步，因為生命只會獎賞勤勞的人。

CHAPTER

複習與更新

「學會的東西就不會忘記？
你和我都知道，這是個徹底錯誤的假設。」

——布魯諾·福斯特（Bruno Furst，美國記憶專家）

　　有人做過測試，學生畢業離校兩年後，存留在腦海中的學業知識只有 3 個禮拜的份量。

　　你是不是也一樣？學校教過的許多定理，你現在還記得多少？12 年的學習竟然只剩下 3 週的知識，而且，一般學生就算今天通過考試，4 個禮拜後再考一次就無法通過，期末考後，所有知識便還給老師！

　　在施彼策（Spitzer，德國心理學家）的實驗中發現，一般人學習課本後的記憶如下：

1 天後記得 54％

1 週後記得 35％

2 週後記得 21％

3 週後記得 19％

4 週後記得 18％

　　從這個研究中我們可以發現，當學生結束 1 個月的假期，重新上課時，學過的資訊只剩下 18％，也就是說，後續的課程只能在這 18％的基礎上繼續進行。僅僅過了 28 天，學生就忘記了 82％的資訊，82％的學費等於白繳，可見如果不複習，花錢上學多麼浪費。

　　有些人覺得用記憶法記住的資訊從此不會消失。記憶法的作用是讓學習的過程變得有趣，提高學習效率，透過鮮明的畫面讓大腦記住資訊。在短期到中期來說，記憶法可以把資訊存進大腦，但如果要長時間保存資訊，就一定要花時間回顧和複習。

　　複習是為了讓資訊更深刻地留在大腦。不斷回想，記憶才會紮根。記憶其實很像銀行，你放進去的東西越多，它就變得越大。透過複習，你的長期記憶就會逐漸增加。

重複誦唸、死記硬背毫無樂趣，而且需要耗費極多時間，效果也不好。記憶的過程應該要像遊戲，讓人能夠享受記憶的過程。

運用記憶法複習不用花多長時間，過程中只需要回想腦海中的圖像夠不夠清晰，如果有些資訊記不起來，就重新加強連結。

我發現在特定的時間點複習資訊，效果會十分顯著。如果你在學習完畢的 10 分鐘後複習，就可以記住內容至少 1 小時。第一次複習時，應該從尾到頭回想內容。這樣的反向複習可以加強記憶。

反向複習會讓記憶更加深刻。完成第一次複習後，之後的複習就可以拉長時間進行：1 小時後 1 次，1 天後再 1 次，3 天後再來，接著是 1 週後，2 週後，3 週後，1 個月後，2 個月後，3 個月後，這樣資訊應該就會永久儲存在大腦。在這個過程中，資訊會在前 72 小時內進到比較深層的記憶，所以如果你記憶時用有使用路線或旅程記憶系統，72 小時後就可以用同樣的系統記憶新的資訊。不過如果碰上你打算永遠記住的資訊，最好還是給它獨立的記憶系統，方便常常複習內容。

複習不是件容易的事，需要夠自律才能做到。複習的過程中，資訊會再次活躍起來，此時正是把它與新資訊連結起來的時機，資訊之間的連結越多，在大腦的記憶就越深刻。大腦真是世界上最神奇的電腦：輸入的資訊越多，容量反而越大！

　　良好的學習方式是，分散學習時間，中間多休息，這樣才能處於專注狀態，吸收更多資訊，並用記憶法加深資訊之間的連結，定時複習，以利日後與新資訊進行連結。

　　如果忽略複習，無論學習多少次，每次的學習和記憶都會徒勞無功。唯有定期複習，讓複習的間隔時間慢慢變長，記憶才能逐漸深化，留在大腦。

　　複習促進我們思考學習內容，進而讓我們理解內容。記憶人名也是相似的道理，複習才會想起名字，多想才會記得。如果生活中有機會用到資訊，運用本身也是複習。你如果把資訊放著不管，它很快就會從腦海中消失，讓你再也找不到。

你應該常常複習，才能緊緊牢記知識，不要讓它跑掉。

之前提到過，進步的關鍵就是摒除一切阻礙前進的障礙物。所以，我們在第 1 部學會了丟掉藉口，否定自我設限的信念，提高了學習的意願。在第 2 部，我們學習運用「SEE」原則進行想像，過程中學了各種記憶法：車子記憶法、身體部位記憶法、旅程記憶法、掛勾記憶法、數字代碼、名字記憶等。在第 3 部，我們討論到自律和複習在學習過程中扮演的重要角色。

　　請謹記得複習有多重要，複習記憶，記憶才能更新。

以終為始

「如果你期待生命有什麼偉大的收穫，你得先種下偉大的種子。」

——丹尼斯·威特利

　　所有記憶都在大腦裡，要不要記得是一個選擇。改善記憶並不是什麼魔法，它是一個管理思維的過程。

　　記憶技巧是個人成長歷程中應該重視的工具。我在書中給了你很多工具，但並沒有給你電池。你需要自己付出能量，這些方法才會發揮功效。好好運用這些工具，因為它們將會改變你的生命。用記憶法訓練自己，你會對資訊更有把握，而且會對自己更有信心，因為你已經瞥見了在你裡面的無窮潛力。

布萊斯馬登（Brice Marden，美國藝術家）曾說：「思考訓練的重要性沒有窮盡，會影響人的一生，但願意花時間訓練的廖廖無幾，大多數人甘心任憑命運擺佈。」

你現在有兩個選擇。第一個就是像以前一樣，把一切交託給命運，而你的未來自然不會有什麼重大轉變。第二個是下定決心，要過不一樣的生活，把這些工具變成你的工具，不斷練習，發揮出記憶的無限潛能。

「值得記住的事，希望你永遠不會忘記；應該忘記的事，希望你千萬不要記住。」
——愛爾蘭諺語

參考書目

1. Buzan, T. 1995. *Use Your Memory*. London: BBC books.
2. Buzan, T. 1995. *Use Your Head*. London: BBC books.
3. Buzan, T. 2001. *Head First*. London: Thorsons.
4. Baddeley, A, Eysenck, M.W, Anderson, M.C. 2009. *Memory*. USA: Psychology Press.
5. Covey, S. 1989. *The Seven Habits of Highly Effective People: Powerful Lessons in Personal Change*. Britain: Simon & Schuster Ltd.
6. Lorayne, H. 1992. *Improve Exam Results in 30 days*. London: Thorsons.
7. Luria, A.R. 1998. *The Mind of the Mnemonist*. London: Harvard University Press.
8. Maxwell, J.C. 2004. *Today Matters: 12 Daily Practices to Guarantee Tomorrow's Success*. USA: Time Warner Book Group.
9. Robbins, A. 1992. *Awaken The Giant Within*. London. Simon & Schuster Ltd.
10. Worthen, J and Reed Hunt, R. 2011. *Mnemonology: Mnemonics for the 21st Century*. USA: Psychology Press.
11. Medina, J. 2008. *Brain Rules: 12 Principles for Surviving and Thriving at Work, Home, and School*. USA: Pear Press.
12. Lorayne, H. 1957. *How To Develop A Superpower Memory*. New York: Frederick Fell.
13. Higbee, K. 2001. *Your Memory : How It Works and How to Improve It*. Da Capo Press; 2nd edition
14. Price, I. 2011. *The Activity Illusion*. Matador
15. Katie, B. 2008. *Loving What Is: How Four Questions Can Change Your Life*. Ebury Digital
16. Hall, M. 2013. *Movie Mind*. USA: L. Michael Hall
17. Demartini, J. 2008. *The Riches within: your seven secret treasures*. USA: Hay House, INC.
18. Gruneberg, M. 1987. *Linkword Language System – Italian*. UK: Corgi Books
19. Furst, B. 1949. *Stop Forgetting*. USA: Greenberg.
20. Kandel, E.R. 2007. *In Search of Memory: The Emergence of New Science of Mind*. USA: W.W.Norton & Company.
21. 插圖由 Jac Hamman 提供。
22. Royalty- free images from www.pixabay.com. Graphics created by Michelle Revolta.

國家圖書館出版品預行編目（CIP）資料

國際記憶冠軍的編碼器：快速轉化儲存大量資訊，提高學習與工作效率的
超級大腦擴充術 / 凱文.賀斯里(Kevin Horsley)著；薛浩然譯. -- 初版. -- 臺北
市：大寫出版：大雁文化發行, 2017.10
192面；公分. -- (使用的書In Action；HA0081)
  譯自：Unlimited memory : how to use advanced learning strategies to learn
      faster, remember more and be more productive
  ISBN 978-986-95197-6-2(平裝)

1.記憶

176.338   106015188

大寫出版 In Action 書系 HA0081

國際記憶冠軍的編碼器
快速轉化儲存大量資訊，提高學習與工作效率的超級大腦擴充術
Unlimited Memory
How to Use Advanced Learning Strategies to Learn Faster, Remember More and be More Productive

著　　　者　凱文‧賀斯里 Kevin Horsley
譯　　　者　薛浩然
行銷企畫　郭其彬、王綬晨、陳雅雯、邱紹溢、張瓊瑜、余一霞、王涵、汪佳穎
大寫出版　鄭俊平、沈依靜、李明瑾
發 行 人　蘇拾平
出 版 者　大寫出版社 Briefing Press
　　　　　台北市復興北路333號11樓之4
電　　　話　（02）27182001
傳　　　真　（02）27181258
發　　　行　大雁文化事業股份有限公司
　　　　　台北市復興北路333號11樓之4
　　　　　24小時傳真服務（02）27181258
　　　　　讀者服務信箱 E-mail: andbooks@andbooks.com.tw
劃撥帳號　19983379
戶　　　名　大雁文化事業股份有限公司

初版二刷　2019年5月
定　　　價　250元
版權所有‧翻印必究
I　S　B　N　978-986-9519762

Unlimited Memory

Unlimited Memory